本书获得国家自然科学基金项目（71862022）及南昌建设专项经费的资助

U0571438

高管团队断裂带与企业风险承担

TOP MANAGEMENT TEAM FAULTLINES AND ENTERPRISE RISK-TAKING

余 伟　宋淑娟 ◎ 著

经济管理出版社
ECONOMY & MANAGEMENT PUBLISHING HOUSE

图书在版编目（CIP）数据

高管团队断裂带与企业风险承担/余伟，宋淑娟著.—北京：经济管理出版社，2023.9

ISBN 978-7-5096-9337-7

Ⅰ.①高⋯　Ⅱ.①余⋯ ②宋⋯　Ⅲ.①企业管理—风险管理—研究　Ⅳ.①F272.35

中国国家版本馆 CIP 数据核字（2023）第 189243 号

组稿编辑：杜　菲
责任编辑：杜　菲
责任印制：许　艳
责任校对：张晓燕

出版发行：经济管理出版社
　　　　　（北京市海淀区北蜂窝 8 号中雅大厦 A 座 11 层　100038）
网　　　址：www. E-mp. com. cn
电　　　话：(010) 51915602
印　　　刷：唐山昊达印刷有限公司
经　　　销：新华书店
开　　　本：720mm×1000mm/16
印　　　张：12.75
字　　　数：160 千字
版　　　次：2024 年 1 月第 1 版　　2024 年 1 月第 1 次印刷
书　　　号：ISBN 978-7-5096-9337-7
定　　　价：88.00 元

总　序

　　南昌大学是国家"双一流"计划世界一流学科建设高校，是江西省唯一的国家"211工程"重点建设高校，是教育部与江西省部省合建高校，是江西省高水平大学整体建设高校。2014年5月，南昌大学管理学院成立，学院由管理科学与工程、图书情报与档案管理、信息管理与信息系统三个老牌学科组成。管理科学与工程学科，具有从本科专业、一级学科硕士学位授权点到一级学科博士学位授权点、博士后流动站的完整体系，是江西省"十二五"重点学科。因此，在学科建设方面，管理学院在设立之初就奠定了雄厚基础。

　　南昌大学管理学院第一任领导班子中，彭维霞书记雷厉风行，涂国平院长沉着稳重。在他们的带领下，管理学院迈入了发展新征程，在教学、科研、社会服务、人才培养等方面均取得了显著成效。2019年，感谢组织信任、领导推荐和同事支持，本人有幸成为管理学院的第二任院长。感恩于前辈打下的基础，我辈少了筚路蓝缕的艰辛，却多了任重道远的压力；得益于前辈创设的体制，我辈继承了艰苦奋斗与稳健发展的精神，却也感受到了更多对于创新发展的期盼。

　　当前，管理学院存在规模小、底子薄、知名度不高的问题，南昌大学管理科学与工程学科在学科排名中落后于诸多"985"

高校的相关学科。为此，本人时常思考如何推动学院奋起直追、实现跨越式发展，颇有心得。

学科建设是学院发展之本。2017年，我国开始统筹推进世界一流大学和一流学科建设，南昌大学仅有1个学科入列。管理科学与工程学科，离"世界一流"这一目标还有遥远距离。但是，"双一流"建设为管理学院管理科学与工程学科的发展指明了方向，也带来了机遇。管理学院的追赶式发展，需要以学科建设为抓手，在学科带头人与学科团队建设、科研平台与教学基地建设、高质量和有特色的学科品牌建设等方面做文章、争成效。

学术研究是学院发展之基。学术研究能力是学科发展的硬实力。在学校排名、学科评估、学术资源配置等方面，学术研究成果一直都是关键业绩指标。全面提升学院教师的学术研究能力、专心打造具有国际和国内影响力的高水平科研成果，是管理学院突破话语权壁垒、实现跨越式发展的战略要点。在学院内培养学术意识、推广研究型文化、引导和激励卓越研究成果的诞生，应该始终作为学院科研管理工作的重心。

人才培养是学院发展之魂。高校，是高级人才培养的重要基地。人才培养，包括学生的培养，也包括学者的培养。大学之魂，不在"大"，而在"学"——学生、学者与学术，共同构成了大学。因此，管理学院的未来发展，既寄托在优秀在校生的培养以及优秀毕业生的回馈之上，也寄托在培育大师、培养国家级与省级拔尖人才、引进具有学术追求和研究能力的青年学者之上。学院是全体师生的学院，需要全体师生的共同努力，也希望能够成为全体师生共同成长的沃土。

思想宣传是学院发展之路。南昌大学管理学院一直都在"默默无闻"地发展。然而，作为哲学社会科学的一员，管理学科也理应承担反映民族思维、发扬精神品格、宣传思想文化、服务国家智库、繁荣社会发展的使命。很多高校的经济与管理学院之所以能在学校发展中举足轻重，也正是因为占领了思想宣传和服务社会的高地。南昌大学管理学院，需要领会习近平主席在哲学社会科学工作座谈会上的讲话精神，加强和改进宣传思想文化工作，全心培养"文化名家"、"四个一批"人才和"宣传思想文化青年英才"，在思想宣传和社会服务方面勇创佳绩。

品牌塑造是学院发展之志。高校之间的竞争，不亚于企业竞争，品牌塑造同样是高校之间竞争制胜的重要法宝。南昌大学管理学院，急需在人才培养、学术研究、社会服务等方面提升能力、培育优势、凝练特色、塑造品牌，走差异化发展道路，才有可能"弯道超车"，实现跨越。加强品牌塑造，既需要高水平学术研究成果和大师级学者等硬实力作为支撑，也需要特色、文化、制度改革等方面的软实力提供支持。

正是基于上述考虑，本人在担任管理学院院长之后，开始着手规划和布局，而这套"南昌大学管理科学与工程博士点学术研究丛书"的组织出版，正是学院围绕学科建设、学术研究、人才培养、思想宣传和品牌塑造等目标而实施的一项集体行动。希望能通过丛书出版，加强南昌大学管理学院的学术传播与品牌推广，激励管理学院全体教师的学术研究与成果发表，为南昌大学管理科学与工程学科的建设做出贡献。

在此，感谢南昌大学对管理学院发展的重视，并将管理科学与工程博士点列入学校学科建设的支持项目，学校的经费支持资助了本套丛书的出版；感谢管理科学与工程系师生的辛勤工作与创造性努力，本套丛书所发表的研究成果都是他们学术探索的劳动结晶，是他们的工作促成了本套丛书的顺利出版。

本套丛书包括 15 本学术专著。它们可以归纳为科技创新与知识管理、农业经济与生态管理、系统动力学、物流与供应链管理、政府政策与社会管理 5 个方向。

科技创新与知识管理方向，包括喻登科教授的《科技成果转化知识管理绩效评价研究》《知性管理：逻辑与理论》，陈华教授的《科技型中小企业协同创新策略研究》，薄秋实副教授的《协同创新的组织模块化过程和创新模式研究》以及余伟副教授的《企业开放式创新的形成机理》。

农业经济与生态管理方向，包括徐兵教授的《中部地区农村经济系统重构——城乡协调发展下的研究》，傅春教授的《绿色发展蓝皮书》，毛燕玲教授的《非营利性农村基础设施融资机制》以及邓群钊教授的《基于承载力的排污权组合分配研究》。

系统动力学方向，包括刘静华教授的《农业系统动力学》和祝琴教授的《系统动力学建模与反馈环分析理论与应用研究》。

物流与供应链管理方向，包括徐兵教授的《农产品供应链运作与决策——基于 PYO 模式的研究》以及谢江林副教授的《资金约束供应链系统分析与决策》。

政府政策与社会管理方向，包括石俊博士的《政府财政支出与经济高质量发展》和曹开颖副教授的《再制造背景下政府政策与企业以旧换新策略研究》。

这 5 个方向基本囊括了南昌大学管理学院管理科学与工程学科的主要研究领域。我们在硕士与博士的招生与培养、学术团队与学科建设等方面，都主要是从这几个研究方向加以推进。其中，系统工程与系统动力学是南昌大学管理科学与工程学科的特色方向。

欢迎对这些研究方向感兴趣的学者与同行来南昌大学管理学

院交流，欢迎对相关领域有需求的企业提供合作机会，欢迎在这些研究方向有发展潜力的青年博士能加入我们的研究队伍，欢迎有志于从事这些方向研究的同学能够报考南昌大学管理科学与工程专业的硕士与博士。南昌大学管理学院将始终秉承开放创新的理念，欢迎你们的交流与指导，也接受你们的批评与指正。

　　正因为有你们的支持，我相信，南昌大学管理学院会越办越好。

南昌大学管理学院院长

2020 年 4 月 20 日

前　言

　　风险承担水平代表的是企业结合业务所需的资源，通过预见积极的结果，从而做出明智的决策并发展新业务的能力，它是企业实现持续发展的关键因素。而高管团队（Top Management Team，TMT）作为企业最重要的决策机构，是公司治理的核心，高管团队的构成直接影响着企业决策的质量。因此，高管团队的构成对企业风险承担会产生怎样的影响是一个非常重要的问题。本书基于断裂带等理论，以沪深 A 股制造业企业为研究样本，着重分析了高管团队关系属性和任务属性两种断裂带在企业风险承担决策过程中的影响机制，结合"理论背景—影响效应—影响路径—经济后果"的逻辑思路，考察了两种类型断裂带对企业风险承担的影响、具体路径及其价值效应。

　　本书分为七章。第一章为绪论。首先，介绍了选题的背景，阐述了研究意义，对研究内容作了详细概括。其次，对研究方法、技术路线及创新之处作了相关说明。第二章为概念界定与相关研究概述。对高管团队断裂带与企业风险承担的概念进行了说明界定；梳理了高管团队断裂带与企业风险承担的相关研究现状，并在本章结尾进行了文献述评。第三章为理论基础与研究假设。阐述了研究的相关理论基础，即对高层梯队理论、断裂理论、社会认同理论、信息决策理论作了相关介绍；通过理论分析，提出本书的研究假设。第四章为研究设计。构建了研究的理论模型，并对有关变量进行了说明介绍；选取研究样本，进行数据的收集整理与计算；最后对变量数据进行描述性统计和相关性分析。第五章为实证分析。通过对基本模型回归结果进行分析及内生性检验，验证假设，并进行了高管团队断裂带对企业风险承担的具体影响路径分析、外部治理水平的调节效应分析和市场环境复杂性的调节效应分析。第六章为进一步研究。对高管团队断裂带与企业风险承担的经济后果做了进一步研究，并深入探讨了企业风险承担的中介效应及外部治理水平和市场环境复杂性的调节中介效应。第七章为研究结论与展望。对研究结果做了归纳总结，并阐述研究启示及对未来的展望。

本书的研究结果表明：①高管团队关系属性断裂带对企业风险承担存在抑制作用，而任务属性断裂带正向促进企业风险承担。②影响路径方面，高管团队关系属性断裂带与企业创新投入呈负向相关关系，高管团队任务属性断裂带与企业专业化经营呈正向相关关系。③调节效应方面，企业外部治理水平和环境复杂性均正向调节高管团队任务属性断裂带对企业风险承担的影响。④经济后果方面，高管团队任务属性断裂带对企业价值存在正向影响，且实证结果显示高管团队任务属性断裂带对企业价值存在滞后效应，即高管团队任务属性断裂带对于企业价值的正向影响会随时间推移而加强。此外，本书分析研究了企业风险承担在高管团队断裂带与企业价值间的中介效应，研究发现，企业风险承担在高管团队任务属性断裂带与企业价值间存在中介效应。且进一步研究发现，企业外部治理水平正向调节企业风险承担在高管团队任务属性断裂带与企业价值间的中介效应。

本书主要有以下几方面的创新：

第一，视角创新。国内外学者还未就具体类型高管团队断裂带与企业风险承担的关系做深入研究。本书基于高管团队断裂带视角，探究高管团队任务属性和关系属性两种类型断裂带对企业风险承担的影响，并进一步厘清了高管团队断裂带与企业风险承担、企业价值间的关系。通过研究高管团队成员构成差异的聚合作用如何影响企业风险承担及企业价值，补充了团队多样性的相关研究，具有一定的独特性。

第二，内容创新。将投资风险决策作为高管团队断裂带作用于企业风险承担的路径变量，探究了高管团队断裂带作用于企业风险承担的影响路径。将企业环境情境因素纳入高管团队断裂带与企业风险承担的关系模型，即考察了外部治理水平和市场环境复杂性对高管团队断裂带与企业风险承担的影响作用。

第三，方法创新。本书建立了高管团队断裂带的测量指标，纳入了有调节的中介效应模型，不仅验证了企业风险承担在高管团队断裂带与企业价值间的中介作用，还分别探究了企业外部治理水平和市场复杂性对企业风险承担中介作用的调节效应，为相关行业部门对于企业经营环境的建设提供了参考借鉴。

本书基于高管团队这一微观层面，应用断裂带等理论研究了高管团队断裂带与企业风险承担之间的关系，揭示了高管团队内部的子群体如何影响企业风险承担水平，进一步加深了关于高管团队人口组成如何对企业风险承担产生不同影响的理解，同时为企业风险承担水平影响因素的研究提供了新的方向。

目　录

第一章
绪 论

一、研究背景

　　近年来，风险承担已经成为金融研究领域的焦点话题，作为企业的重要决策，其在发展公司业务和提高公司绩效方面起着至关重要的作用。从微观层面分析，高水平的企业风险承担通常意味着企业对投资机会的利用更加有把握，更易于企业获得可观的投资回报，是企业抓住新市场和增加竞争的关键因素。企业必须承担更高的风险来进行创新和提高业绩，从而提升自身的生存竞争力。从宏观层面分析，高水平的企业风险承担对于实现经济增长和社会发展具有长远的积极意义，这对于转型期的中国经济尤为重要。此外，企业风险决策在某种意义上可以指高管团队对资源分配的决策。换言之，企业的风险承担行为取决于企业高管团队。

　　高管团队（Top Management Team，TMT）作为企业风险活动的决策主体，其结构特征是影响企业决策的重要因素。基于高层梯队理论的视角，战略管理方面的相关研究也注意到了高管团队的人口构成在影响公司整体战略方向方面发挥的重要作用。在企业风险承担影响因素方面，以往基于高层梯队理论的研究，集中围绕高管团队整体结构特征探讨了包括如高管团队年龄、性别、教育等背景特征的异质性，高管团队薪酬差距等对企业风险承担行为的影响。大多数研究发现，与具有同质高管团队的公司相比，具有异质高管团队的公司的知识库更容易导致战略决策的改变与创新性策略的提出。然而，这些研究并没有充分利用社会心理学理论来更好地理解高管团队构成所塑造的子群体关系。由于基于个体属性的子群体关系可能决定高管团队成员如何在社会上相互作用和交换知识，因此，研究高管团队中的子群体可能会增强对其构成如何影响企业风险承担行为的理解。

Lau 和 Murnighan（1998）[①] 创造性地提出断裂带理论，并指出组织内部存在潜在（休眠）的断裂带，断裂带基于高管团队成员的性别、年龄等属性特征将团队划分为不同的亚团体，即依据社会认同、自我分类、相似吸引等机制，高管团队内部发生聚合和分类，团队成员会根据某些属性（如年龄和性别）在团队中形成基于不同属性断裂带的子群，形成圈内—圈外效应，圈内成员具有高度凝聚力，且基于不同属性断裂带形成的子群体会根据社会认同原则和信息处理原则对组织决策产生不同的影响。因此，基于高管团队内部组成结构对高管团队成员的属性特征进行深入研究，分析不同类型高管团队断裂带对企业风险承担的影响就具备了一定的现实和理论意义。

有鉴于此，本书以高管团队断裂带为切入点，探寻高管团队

[①] Lau D C，Murnighan J K. Demographic diversity and faultlines：The compositional dynamics of organizational groups [J]. Academy of Management Review, 1998, 23（2）：325-340.

内部特征对公司风险承担水平的影响。通过将高管团队断裂带分为基于性别、年龄特征形成的关系属性相关断裂带与基于任期、教育背景、职能背景特征形成的任务属性断裂带，分析和考察不同类型的高管团队断裂带对企业风险承担水平是否有影响、有何影响，以及作用路径是什么；情境因素在两者间是否发挥作用；高管团队断裂带是否通过作用于企业风险承担提升企业价值。这些正是本书主要研究解决的问题。

二、研究意义

（一）理论意义

第一，尽管学术界已经意识到从断裂带视角研究高管团队内部结构对于公司治理层面的影响具有重要意义，但是由于高管团队断裂带难以准确界定，尚未有文献研究不同类型高管团队断裂带对企业风险承担的影响。本书不同于以往仅关注高管团队异质性或多样性对企业结果的影响研究，而是应用了断裂带理论，揭示了高管团队内部的子群体如何影响企业风险承担水平，进一步加深了关于高管团队人口组成如何对企业风险承担产生影响的理解。第二，通过将高管团队断裂带区分为任务属性断裂带和关系属性断裂带，对这些不同的断裂带维度如何影响企业风险承担水平变化进行理论分析，为企业风险承担水平影响因素的研究提供了新的方向。第三,在探究高管团队断裂带与企业风险承担之间的关系中纳入外部治理水平和环境复杂性等组织情境因素,提出了高管团队断裂带影响企业风险承担的组织边界条件,对利用好外部治理和环境复杂性特征,增强高管团队断裂带对企业风险承担的促进作用提供理论启示。

(二)现实意义

第一,本书研究在一定程度上有利于促进企业治理结构的完善和推动人力资源管理优化,作为决策主体,高管团队在企业发展历程中扮演着"首脑"的角色,是企业不可或缺的人力资本,本书研究可以为上市公司高管团队人才选聘提供借鉴,从而构建高质量的企业高管团队,为企业提供强有力的人力资本竞争优势,进一步促进企业的可持续发展。第二,通过研究外部治理与市场环境复杂性在高管团队断裂带与企业风险承担间发挥的作用,对于企业经营环境的建设有一定的参考意义,同时,为企业更好地利用环境情境因素推进高管团队做出有利的战略决策提供了参考借鉴。此外,通过对高管团队断裂带与企业风险承担的经济后果的进一步研究,有利于为企业高管团队的决策提供相关思路。

三、研究内容

首先,通过对相关文献资料的收集和阅读,梳理了国内外有关高管团队断裂带与企业风险承担的研究现状,并界定了相关概念。其次，以高层梯队理论、断裂带理论、社会认同理论等为理论依据，提出研究假设，构建了本书的理论模型，通过对数据的收集、整理、计算，利用实证检验与结果分析，验证研究假设。本书共七章，研究内容如下：

第一章：绪论。首先，介绍研究背景，阐述研究意义，对研究内容作了详细概括；其次，对研究方法、技术路线及创新之处作了相关说明。

第二章：概念界定与相关研究概述。首先，对高管团队断裂带与企业风险承担的概念进行了说明界定；其次，梳理了高管团队断裂带与企业风险承担的相关研究现状，并在本章结尾进行了文献述评。

第三章：理论基础与研究假设。首先，阐述本书相关理论基础，即对高层梯队理论、断裂理论、社会认同理论、信息决策理论作了相关介绍；其次，通过理论分析，提出本书研究假设。

第四章：研究设计。首先，构建本书理论模型，并对有关变量进行了说明介绍；其次，选取研究样本，进行数据的收集、整理与计算；最后，对变量数据进行描述性统计和相关性分析。

第五章：实证分析。通过对基本模型回归结果进行分析及内生性检验，验证假设，进行了高管团队断裂带对企业风险承担的具体影响路径分析、外部治理水平的调节效应分析和市场环境复杂性的调节效应分析。

第六章：进一步研究。对高管团队断裂带与企业风险承担的经济后果做了进一步研究，并深入探讨了企业风险承担的中介效应及外部治理水平和市场环境复杂性的调节中介效应。

第七章：研究结论与展望。对研究结果进行归纳总结，并阐述研究启示及对未来的展望。

四、研究方法与技术路线

（一）研究方法

1. 文献研究法

通过对国内外关于高管团队断裂带与企业风险承担的文献研究，梳理研究脉络，并对研究方法进行归纳整理，在前人研究的基础上结合研究内容，选取可行的研究方案，通过文献阅读，总结与本书主题相关的研究结论，进行相应的归类分析，为后续的研究假设及实证检验奠定基础。

2. 统计分析法

本书变量原始数据主要从国泰安数据库（CSMAR）和 Wind 数据库提取获得，首先通过 Excel 合并整理原始数据，依据高管团队断裂带和企业风险承担等指标的计算公式，借助 Stata 和 Rstudio 软件计算得到各指标观测值。其中原始数据缺失部分从企业年报中手工整理填入，为准确计算各变量指标提供可靠数据保证。

3. 实证研究法

采用 Stata 统计软件对高管团队断裂带、企业风险承担等相关变量进行描述性统计和相关性检验，通过建立模型，进行面板回归分析，对研究假设进行验证。具体包括描述性统计和相关系数矩阵分析、多元线性回归、内生性检验、调节效应分析、中介效应分析、有调节的中介效应分析等。

（二）技术路线图

本书技术路线图如图 1-1 所示。

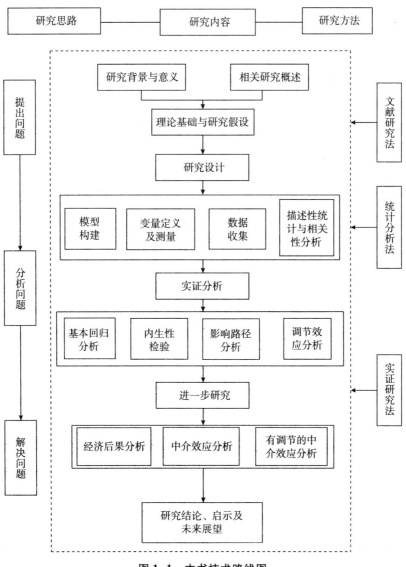

图 1-1 本书技术路线图

五、研究创新点

（一）研究视角创新

国内外学者还未就具体类型高管团队断裂带与企业风险承担的关系做深入研究。本书从高管团队断裂带的视角出发，探究高管团队任务属性和关系属性两种类型断裂带对企业风险承担的影响，并进一步厘清了高管团队断裂带与企业风险承担、企业价值间的关系。通过研究高管团队成员构成差异的聚合作用如何影响企业风险承担及企业价值，补充了团队多样性的相关研究，具有一定的独特性。

（二）研究内容创新

本书将投资风险决策作为高管团队断裂带作用于企业风险承担的路径变量，探究了高管团队断裂带作用于企业风险承担的影响路径。同时，将企业环境情境因素纳入高管团队断裂带与企业风险承担的关系模型，即考察了外部治理水平和市场环境复杂性对高管团队断裂带与企业风险承担的影响作用。

（三）研究方法创新

本书纳入调节中介效应模型，不仅验证了企业风险承担在高管团队断裂带与企业价值间的中介作用，还分别探究了企业外部治理水平和市场复杂性对企业风险承担中介作用的调节效应，为相关行业部门对于企业经营环境的建设提供了参考借鉴。

第二章
概念界定与相关研究概述

相关研究现状体现了目前与高管团队断裂带和企业风险承担有关主题研究的方向和热点，本章重点分析国内外有关学者的研究成果，为本书的研究框架提供依据。

一、概念界定

本书主要关注的是企业高管团队断裂带与企业风险承担之间的作用机制，因此相关关键概念及在本研究中的定义和内涵如下：

（一）高管团队

根据 Mintzberg（1979）[①] 的说法，高管团队成员是指那些

---

① Mintzberg H. An emerging strategy of "direct" research [J]. Administrative science quarterly, 1979, 24（4）: 582-589.

"对组织负有全面责任的人"，通常指在企业组织结构中具有战略决策权的高级管理者所组成的团队。高管团队作为企业的战略决策者，是企业的核心人物，他们通常分工明确、相互协作。目前学术界对高管团队的界定，尚未形成统一的标准（孙玥璠等，2019）[①]。

结合中国情境，本书对高管团队（TMT）的界定与中国经济金融研究数据库（CSMAR）中的定义保持一致：即包括在企业年报中披露的具有副总经理、副总裁、总会计师、总经济师、总工程师等以上职级的高级管理人员，不包括董事会成员与监事会成员（陈伟宏等，2018）[②]。董事长在中国上市公司中的地位较为特殊，他一方面代表着股东方的利益，另一方面在国内企业中时常是真正制定公司重大决策的人。鉴于本书研究目的是希望探究高管团队作为职业经理人团队如何根据其内部社会网络结构调整企业的行业多元化决策，所以本书的研究重点在于团队的结构和运作机制，并非个人在其中的作用，因此董事长不包括在高管团队之中。

（二）高管团队断裂带

断裂带一词来自地质学，指容易引发地震的地层断裂地带。高管团队断裂带是指基于一个或多个高管团队构成特征而分化成几个本身同质、彼此异质的差异性子群体的"虚拟分割线"（Lau

---

① 孙玥璠，陈爽，张永冀．高管团队异质性、群体断裂带与企业风险承担［J］．管理评论，2019，31（8）：157-168.

② 陈伟宏，钟熙，宋铁波．TMT异质性、期望落差与企业冒险变革行为［J］．科学学与科学技术管理，2018，39（1）：84-97.

and Murnighan，1998)①，它们为群体内部冲突提供了一个非正式的结构。

本研究将高管团队断裂带分为两类，即与高管团队工作相关的任务相关型断裂带（Task-related Faultlines）以及与高管团队人口生物特征相关的关系相关型断裂带（Relationship-related Faultlines）。任务相关型断裂带表现为团队成员在受教育程度、专业、工作经验等认知属性的差异，与团队任务密切相关，因此也称为信息认知断裂带（周晓敏，2019)②；关系相关型断裂带强调成员在性别、年龄、种族与国籍等人口统计特征上的差异，因此也称为社会人口断裂带。上述分类是目前国内外高管团队断裂带研究中最为常用的分类方式。例如，Bezrukova 等（2009)③ 在对企业工作团队的实证研究中，认为可将团队断裂带划分为社会分类型断裂带（Social Categorization Faultlines）与信息认知型断裂带（Information Recognition Faultlines）；Hutzschenreuter 和 Horstkotte（2013)④ 以 1985~2007 年德国 61 家企业为例，探讨了高管团队任务型断裂带（与学历、专业背景以及任期属性相关）与生理特征型断裂带（与成员的年龄及国籍相关）对企业产品扩张过程的影响，并发现两种团队断裂带对团队的信息处理能力与工作能力均存在显著影响。需要说明的是，上述两项研究对

---

① Lau D C, Murnighan J K. Demographic diversity and faultlines: The compositional dynamics of organizational groups [J]. Academy of Management Review, 1998, 23 (2): 325-340.

② 周晓敏. 高管变更、团队重构与企业绩效 [D]. 中央财经大学, 2019.

③ Bezrukova K, Jehn K A, Zanutto E L. Do workgroup faultlines help or hurt? A moderated model of faultlines, team identification, and group performance [J]. Organization Science, 2009, 20 (1): 35-50.

④ Hutzschenreuter T, Horstkotte J. Performance effects of top management team demographic faultlines in the process of product diversification [J]. Strategic Management Journal, 2013, 34 (6): 704-726.

团队断裂带类型的划分均是在 Lau 和 Murnighan（1998）[①] 的研究基础上展开的。

本书将任务相关型断裂带的强度定义为基于一个或多个与工作任务相关属性（如职能背景、教育水平、任期）而形成子群体的程度；将关系相关型断裂带的强度定义为基于一个或多个生理特征相关属性（如性别、年龄）而形成子群体的程度。断裂带的强度是指通过计算该焦点属性和其他属性之间的整体一致性，得出基于焦点属性的断裂带在一个单位中的突出程度（Chung et al.，2015）[②]。举例说明，如将性别和年龄作为焦点属性，在以下情况中高管团队关系相关型断裂带的强度是最强的，即男性高管的年龄与女性高管的年龄存在较大差距（例如，年长男性与年轻女性的高管团队组合）。

根据是否被激活可以将断裂带分为休眠型断裂带和激活型断裂带。与前期多数研究保持一致，本书认为，即使是休眠型断裂带，也会对团队过程与结果产生一定的影响（Lau and Murnighan，2005[③]；Zanutto et al.，2011[④]；Thatcher and Patel，2012[⑤]；倪旭

① Lau D C, Murnighan J K. Demographic diversity and faultlines：The compositional dynamics of organizational groups［J］. Academy of Management Review，1998，23（2）：325-340.

② Chung Y, Liao H, Jackson S E. Cracking but not breaking：Joint effects of faultline strength and diversity climate on loyal behavior［J］. Academy of Management Journal，2015，58（5）：1495-1515.

③ Lau D C, Murnighan J K. Interactions within groups and subgroups：The effects of demographic faultlines［J］. Academy of Management Journal，2005，48（4）：645-659.

④ Zanutto E L, Bezrukova K, Jehn K A. Revisiting faultline conceptualization：Measuring faultline strength and distance［J］. Quality and Quantity，2011，45（3）：701-714.

⑤ Thatcher S M B, Patel P C. Group faultlines：A review，integration，and guide to future research［J］. Journal of Management，2012，38（4）：969-1009.

东和季百乐，2017[①]；张耀伟等，2021[②]）。断裂带的假想分割线示意如图2-1所示。

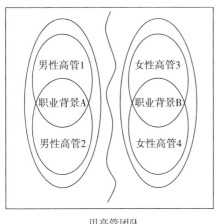

甲高管团队   乙高管团队

图2-1　不同强度断裂带示意

资料来源：孙玥璠等（2019）。

（三）企业风险承担

"风险"在战略管理研究中一般可以与"冒险"互换使用，用于不同的场景，通常是指一些反映风险偏好或增加风险和绩效结果可变性的活动。尽管风险也可以适用于其他方面，但就企业而言，风险可以大致分为选择风险（即管理风险）或结果风险

---

① 倪旭东，季百乐. 团队断裂带：团队多样性研究的新视角——从单一指标到多重指标 [J]. 应用心理学，2017，23（3）：232-247.

② 张耀伟，陈世山，曹甜甜. 董事会断层、差异整合机制与投资决策质量研究 [J]. 南开管理评论，2021，http://kns.cnki.net/kcms/detail/12.1288.f.20210412.1355.002.html.

（即组织风险）（Santacruz and Johnson，2020）[①]，管理风险和组织风险之间没有明确的区别。通常认为管理层的风险偏好行为会改变企业绩效，但其因果关系并没有得到充分的验证。组织风险通常被定义为收益流的变化或股票回报的系统性或非系统性变化，这些变化是决定公司业绩的因素之一（Bromiley et al.，2001）[②]。另外，学者从不同角度验证了很多因素都会影响企业的风险承担行为（Hutchinson et al.，2012）[③]，如管理者的性格、特质和行为特征等（Salehi et al.，2020）[④]。

风险承担是企业投资行为的结果，反映了企业为获取投资收益而愿意承担的风险水平。企业风险承担也可以被视为一种机制，即企业通过投资于有风险但有利可图的项目来提高其业绩，从而提升企业的生存竞争力。全球化和市场自由化迫使企业承担巨大风险以确保生存和发展，而获得高水平的企业绩效意味着承担更大风险的投资项目（Lekosimic and Horvat，2006）[⑤]。企业越倾向于选择正净现值高的风险项目，代表企业风险承担水平越高；反之，企业风险承担水平越低。根据以上论述，企业风险承担是指企业为提升其市场生存竞争力，积极承担风险的程度。又因为企业风险承担行为的决策由企业决策主体制定，故企业风险承担水平反映了决策主体期望获得收益而积极承担风险的意愿水平。

① Santacruz L，Johnson D T. Measures of firm risk‐taking：Revisiting Bowman's paradox［J］. Managerial Finance，2020，46（3）：421-434.

② Bromiley P，Miller K D，Rau D. Risk in strategic management research［M］. Handbook of Strategic Management，2001.

③ Hutchinson M R，Seamer M，Chapple L J. Institutional investors，risk/return and corporate governance：Practical lessons from the Global Financial Crisis［J］. AFAANZ，2012（1）.

④ Salehi M，Naeini A A，Rouhi S. The relationship between managers' narcissism and overconfidence on corporate risk‐taking［J］. TQM Journal，2020，ahead‐of‐print.

⑤ Lekosimic M，Horvat J. Risk taking propensity and export performance of croatian exporters［J］. Managing Global Transitions，2006，4（4）：313-326.

二、高管团队断裂带的相关研究

（一）团队断裂带研究的起源及演变

隐喻是组织与管理研究学者常用的一种对特定现象进行描述与表达的手法。团队断裂带这个概念源于学者对团队内个体特征分裂与聚合的隐喻性表达。断裂带原本是用来描述地壳运动的概念，Lau 和 Murnighan （1998）[①] 最先将之引入组织理论的研究中，用来描述团队中的成员因为一个或多个相似特征进行分组聚合，最后形成不同子团队的情况。不同子团队之间便如同形成了一条假想的断裂带，断裂带的方向和排列方式越一致，其强度就越大。

团队断裂带这一概念的产生借鉴了地质学概念。现有文献将团队中未被团队成员感知的断裂带称为休眠型断裂带（Dormant Faultlines），将能被明显感知的断裂带称为激活型断裂带（Activated Faultlines）（Jehn and Bezrukova, 2010[②]; Meister et al., 2020[③]）。休眠型断裂带本身不会对团队造成影响，只有当它被激

① Lau D C, Murnighan J K. Demographic diversity and faultlines: The compositional dynamics of organizational groups [J]. Academy of Management Review, 1998, 23 (2): 325-340.

② Jehn K A, Bezrukova K. The faultline activation process and the effects of activated faultlines on coalition formation, conflict, and group outcomes [J]. Organizational Behavior and Human Decision Processes, 2010, 112 (1): 24-42.

③ Meister A, Thatcher S M, Park J. Toward a temporal theory of faultlines and subgroup entrenchment [J]. Journal of Management Studies, 2020, 57 (8): 1473-1501.

活时才能发挥作用（Thatcher and Patel，2012）[1]。

对于激活型断裂带，以往研究主要关注断裂带强度（Fault-line Strength）和断裂带距离（Faultline Distance）（Thatcher et al.，2003[2]；Bezrukova et al.，2009[3]）两个方面。正如地震强度和波及范围会影响地震区域的发展，断裂带的强度和距离可以衡量断裂带对团队的影响。现有文献根据断裂带产生的不同原因，对激活型断裂带进行了划分，对于那些先天的、固有的和难以改变的因素，如一个人的年龄、性别等，归为关系相关型断裂带（Rela-tionship-related Faultlines）（Sawyer et al.，2006[4]；Homan et al.，2007[5]）；那些由于认知不同而对所处理的任务产生分歧而造成的断裂带，被称为任务相关型断裂带（Task-related Faultlines）（Hutzschenreuter and Horstkotte，2013[6]；Richard et al.，2019[7]）。在现有研究中，前者又被学者们细分为身份型断裂带、社会分类型断裂带或生理型断裂带等。这些断裂带均需通过年龄、性别、

① Thatcher S M B, Patel P C. Group faultlines：A review, integration, and guide to future research [J]. Journal of Management, 2012, 38（4）：969-1009.

② Thatcher S M B, Jehn K A, Zanutto E. Cracks in diversity research：The effects of diversity fault-lines on conflict and performance [J]. Group Decision and Negotiation, 2003, 12（3）：217-241.

③ Bezrukova K, Jehn K A, Zanutto E L. Do workgroup faultlines help or hurt? A moderated model of faultlines, team identification, and group performance [J]. Organization Science, 2009, 20（1）：35-50.

④ Sawyer J, Houlette M, Yeagley E. Decision performance and diversity structure：Comparing fault-lines in convergent, crosscut and racially homogeneous groups [J]. Organization Behavior and Human De-cision Processes, 2006, 99（1）：1-15.

⑤ Homan A C, Van Knippenberg D, Van Kleef G A. Bridging faultlines by valuing diversity：Diver-sity beliefs, information elaboration, and performance in diverse work groups [J]. Journal of Applied Psy-chology, 2007, 92（5）：1189-1199.

⑥ Hutzschenreuter T, Horstkotte J. Performance effects of top management team demographic faultlines in the process of product diversification [J]. Strategic Management Journal, 2013, 34（6）：704-726.

⑦ Richard O C, Wu J, Markoczy L A, Chung Y. Top management team demographic-faultline strength and strategic change：What role does environmental dynamism play? [J]. Strategic Management Journal, 2019, 40（9）：987-1009.

地缘等人口统计学特征来测量。相对而言，身份型断裂带更侧重个体心理层面的特征，涉及人格特质，而另外两类更强调生理层面特征（Richard et al.，2019[①]）。现有研究将任务相关型断裂带细分为知识型断裂带和信息加工型断裂带两类。其中，知识型断裂带更关注团队成员的知识背景差异，信息加工型断裂带关注的则是成员具备了差异性的知识之后，如何将这些知识加工编码，最终形成个人决策。

无论是哪种类型的断裂带，本质上都是由于子团队成员之间的共性以及不同子团队成员之间的差异产生的。本书主要对以往研究（窦军生等，2023[②]）中出现的激活型断裂带进行了分类，如表2-1所示。

表2-1　团队激活型断裂带的分类

断裂带类型		断裂带名称	划分依据
激活型 断裂带	关系 相关型	身份型（Identity-based）断裂带	年龄、性别、血缘、学缘、关系、民族、种族、国籍等
		社会分类型（Social-categorization）断裂带	
		生理型（Bio-demographic）断裂带	
	任务 相关型	知识型（Knowledge-based）断裂带	教育背景、专业背景、职业背景、任期等
		信息加工型（Information-elaboration）断裂带	
	其他	资源型（Resource-based）断裂带	拥有的资源

（二）团队断裂带的两种类型及边界

1. 关系相关型断裂带

关系相关型断裂带关注的重点是人际关系以及情感因素，这

---

① Richard O C, Wu J, Markoczy L A, Chung Y. Top management team demographic-faultline strength and strategic change: What role does environmental dynamism play? [J]. Strategic Management Journal, 2019, 40 (9): 987-1009.

② 窦军生，孙漫悦，吴赛赛，贾生华. 团队断裂带的脉络梳理、整合分析与未来展望 [J]. 经济管理，2023，45（02）：188-208.

是与任务相关型断裂带的本质区别（Homan et al.，2007[①]）。基于关系的断裂带本质上是团队成员因为共性产生了互动的冲动，最终成员之间通过互动建立了各种各样的关系，这些关系是人际交往的结果（Hutzschenreuter and Horstkotte，2013[②]；Richard et al.，2019[③]）。根据对文献的整理和分析发现，生理因素是人们能够产生共性的重要原因，因为这些因素最为显性，是人们选择社交伙伴时显著的判断依据。年龄与性别是最为基础的、无法通过后天改变的因素，会直接影响人们的第一印象和在后续工作中的相处（Chung et al.，2020）[④]。例如，年龄相仿的人总是容易在团队中最快建立联系，同性之间也会比异性之间更能快速建立信任。

谈及关系的亲疏远近，人们很自然会想到血缘和家庭。基于血缘关系构建起来的组织，如家族企业，在全世界范围内都广泛存在（Minichilli et al.，2010[⑤]；Schjoedt et al.，2013[⑥]）。在中国

① Homan A C，Van Knippenberg D，Van Kleef G A. Bridging faultlines by valuing diversity：Diversity beliefs，information elaboration，and performance in diverse work groups［J］. Journal of Applied Psychology，2007，92（5）：1189-1199.

② Hutzschenreuter T，Horstkotte J. Performance effects of top management team demographic faultlines in the process of product diversification［J］. Strategic Management Journal，2013，34（6）：704-726.

③ Richard O C，Wu J，Markoczy L A，Chung Y. Top management team demographic-faultline strength and strategic change：What role does environmental dynamism play？［J］. Strategic Management Journal，2019，40（9）：987-1009.

④ Chung Y，Jiang Y，Blasi J R，Kruse D L. Effects of leader networking behaviors and vertical faultlines on support for innovation［J］. Small Group Research，SAGE Publications Inc，2020，51（5）：616-650.

⑤ Minichilli A，Corbetta G，MacMillan I C. Top management teams in family-controlled companies："Familiness"，"Faultlines" and their impact on financial performance［J］. Journal of Management Studies，2010，47（2）：205-222.

⑥ Schjoedt L，Monsen E，Pearson A，Chrisman J J. New venture and family business and Teams：Understanding team formation，composition，behaviors，and performance［J］. Entrepreneurship Theory and Practice，2013，37（1）：1-15.

这个关系型社会中，人们对关系亲疏远近的考虑更是体现在不同的场合中，如大家族中的成员会相互扶持、以其他成员的优秀为骄傲，且家族的兴衰荣辱也会影响每一位家族成员的个人发展（储小平，2000）[①]。这些以"家和万事兴"为基准建立起来的亲缘关系贯穿每个人的一生。遗憾的是，血缘这一重要的客观存在，在现有的团队断裂带研究中并没有得到应有的关注。

根据对文献的梳理和分析，血缘的重要性体现在两个方面：第一，血缘关系是关系建构的核心（李伟民和梁玉成，2002）[②]。血缘关系是个体认知世界的重要来源，人们最初关于世界的认识基于家庭关系发展起来，其后来发展的关系也都是以血缘家庭关系为核心建立起来的。在家庭中，人与人联系密切，情感深度嵌入，具有血缘关系的亲人会对个体认知的形成产生深远影响。第二，在组织中，理解团队成员的血缘关系能够帮助人们理解其社会行为（Porters，1998）[③]，有助于解决问题。家族成员因为血缘和长时间的互动形成深厚感情，这种感情能够极大地解决组织成员之间的信任问题，有利于在组织经营中快速达成共识，有效协调企业治理，降低组织中的交易成本（Kotlar and De Massis，2013[④]；Miller et al.，2014[⑤]）。因此，如果团队中部分成员有血

① 储小平. 家族企业研究：一个具有现代意义的话题 [J]. 中国社会科学，2000（5）：51-58.

② 李伟民，梁玉成. 特殊信任与普遍信任：中国人信任的结构与特征 [J]. 社会学研究，2002（3）：11-22.

③ Porters A. Social capital：It's origins and applications in modern sociology [J]. Annual Review of Sociology，1998，24（1）：1-24.

④ Kotlar J，De Massis A. Goal setting in family firms：Goal diversity，social interactions，and collective commitment to family-centered goals [J]. Entrepreneurship Theory and Practice，2013，37（6）：1263-1288.

⑤ Miller D，Le Breton-Miller L，Minichilli A，Pittino D. When do Non-family CEOS out-perform in family firms? Agency and behavior agency perspectives [J]. Journal of Management Studies，2014，51（4）：547-572.

缘关系，而另外的人没有血缘关系，就会成为团队断裂带的潜在影响因素（Minichilli et al.，2010）①。家族企业有其特殊性，所形成的工作团队会同时包含家族成员和非家族成员，此时团队断裂带的作用方向和强度可能会发生变化。对此缺乏深入研究的原因可能是家庭与家族企业的关系复杂，且数据难以获得，给学者的研究带来了很大的困难。

即使是家庭内部成员，也可能由于互动的密度和强度差异而呈现出不同强度的心理层面断裂带。例如，Eddleston 和 Kidwell（2012）② 认为，当子女进入家族企业之后，父母会变成自己的上司，如果子女在早期家庭成长中与父母的疏离感较强，那么在家族企业中就更难与上司（同时也是自己的亲人）建立起良好的上下级关系。与其他子女或同事相比，他们会感到自己更像是外部人，于是会产生沮丧、不公平等感受，这样的家族成员更容易在企业中发生越轨行为。有研究将子女与父母关系是否亲密和子女作为雇员与企业关系分为了"内部人"（Ingroup）与"外部人"（Outgroup），这便是一种心理层面的关系相关型断裂带。

2. 任务相关型断裂带

在工作场景中，对于任务的不同理解会使人们产生不同的观点，不同的观点体现了人们由于过往成长经历不同而产生的认知差异。相似的成长经历会塑造出个体认知中相似的部分，或者说即便每个人都有其独特性，但一致性也总会在某些部分出现重

---

① Minichilli A, Corbetta G, MacMillan I C. Top management teams in family-controlled companies："Familiness"，"Faultlines" and their impact on financial performance［J］. Journal of Management Studies，2010，47（2）：205-222.

② Eddleston K A, Kidwell R E. Parent-child relationships：Planting the seeds of deviant behavior in the family firm［J］. Entrepreneurship Theory and Practice，2012，36（2）：369-386.

合。基于此，人们在一定情境下会产生较为一致的观点。

关于这方面的研究在战略管理领域和创业领域均大量涉及。在战略管理领域，基于高阶理论对高管团队成员个体异质性的研究通常关注高管成员过往经历对企业绩效的影响。高管的学术经历、任职经历、从军经历、海外背景等一系列过往经历均对高管成员的行为具有显著影响（Hambrick and Mason，1984[①]；Wang et al.，2016[②]）。在创业领域，创业团队成员的早期生活经历也会对其创业导向产生巨大影响（杨俊等，2010）[③]。尽管关于团队成员的研究已经展开了几十年，但关于团队成员特征的多样性与一致性之间如何把握好平衡，结论仍然是模糊的（Ndofor et al.，2015）[④]。团队成员过往经历如何影响当下团队的互动，任务相关型断裂带或许能够给出新的分析视角。

任务相关型断裂带同样基于团队成员间的共性，但团队成员关注的焦点不再是人际交往，而是所处理的任务。当组织以团队形式运行时，会面临多种经营事务，即使是同一事务，人们由于认知不同，所处的立场不同，也会对任务的处理方式产生不同的看法。如前所述，任务相关型断裂带正是将团队成员那部分重合的个体认知组合起来，探讨不同组合认知之间的互动与差异（Pearsall et al.，

---

① Hambrick D C, Mason P A. Upper echelons：The organization as a reflection of its top managers [J]. Academy of Management Review, 1984（9）：193-206.

② Wang G, Holmes R M, Oh I, Zhu W. Do CEOS matter to firm strategic actions and firm performance? A meta-analytic investigation based on upper echelons theory [J]. Personnel Psychology, 2016, 69（4）：775-862.

③ 杨俊，田莉，张玉利，王伟毅. 创新还是模仿：创业团队经验异质性与冲突特征的角色 [J]. 管理世界，2010（3）：84-96.

④ Ndofor H A, Sirmon D G, He X. Utilizing the firms resources：How TMT heterogeneity and resulting faultlines affect TMT tasks? [J]. Strategic Management Journal, 2015, 36（11）：1656-1674.

2008[①]；Hutzschenreuter and Horstkotte，2013[②]）。在这样的组合下，即使是有着不同认知的组合之间也不太会互相敌视，从而化解了团队成员异质性带来的意见不一、互相打压的问题。举例来说，法律专业和计算机专业的团队成员在处理任务时必然会考虑各自的业务重点，但双方会尊重对方专业知识上的权威性，且由于认知经过一定程度的整合，团队中综合意见相比个体分散意见更为简化，避免了因团队意见差异性太大而混乱的情况。很明显，这种情况下的断裂带有利于团队分享差异化意见，充分利用团队多样性的优势，更好地帮助团队发展。因此，任务相关型断裂带为克服团队多样性的弊端以及更好地整合团队资源提供了新的思路。

3. 关系相关型断裂带和任务相关型断裂带的边界

以上两种断裂带并不总是泾渭分明的。在一些情况下，同一指标可能由于解释机制不同而被划分到不同视角下的断裂带中。例如，教育背景在有些文献中被划分为关系相关型（Richard et al.，2019）[③]，在另外一些研究中却被划分为任务相关型（Hutzschenreuter and Horstkotte，2013）[④]。主要原因是人们在进行关系评估时，有可能因为教育背景相似或者差距很大而影响人际关系的处理。例如，如果成员之间是校友关系，通常具有更多话题，从而在日常生活中关系更为紧密，进而影响到关系相关型断

---

① Pearsall M J, Ellis A P J, Evans J M. Unlocking the effects of gender faultlines on team creativity：Is activation the key? [J]．Journal of Applied Psychology，2008，93（1）：225-234.

②④ Hutzschenreuter T, Horstkotte J. Performance effects of top management team demographic faultlines in the process of product diversification [J]．Strategic Management Journal，2013，34（6）：704-726.

③ Richard O C, Wu J, Markoczy L A, Chung Y. Top management team demographic‐faultline strength and strategic change：What role does environmental dynamism play? [J]．Strategic Management Journal，2019，40（9）：987-1009.

裂带。但同时,教育背景的差异背后又代表了不同的知识体系和人生经验,会显著影响团队任务的完成和团队问题的解决,因此在这种场景下会侧重于按照任务相关划分断裂带。又如,前文提到的血缘影响关系相关型断裂带的塑造,同样,血缘也会影响任务型断裂带的形成。在家族企业中,家庭成员因为从小共同生活,接受同样的学校教育和家庭教育,父母及其他长辈的价值观会潜移默化地影响他们的认知塑造过程(Vandebeck et al.,2016)①,因而,家庭成员之间的认知可能更为一致,而家族和非家族成员之间的认知差异性会较大。

4. 关系相关型断裂带的后果分析

关系相关型断裂带是基于社会分类视角产生的,它通过社会整合影响团队行为和绩效。社会整合的范围较广,指影响个体及所处团队的一系列社会关系。已有研究将社会整合归纳为团队结构和团队互动两部分,其中,团队结构指团队成员的构成,如人数、性别分布等(Harrison and Klein,2007)②,团队互动指团队成员沟通交流的形式、解决问题的行为逻辑以及随之形成的团队氛围(Li and Hambrick,2005③;陈慧等,2019④)。团队结构的差异直接影响团队成员的互动模式。

在关系相关型断裂带中,团队的整体结构松散,凝聚力弱。

---

① Vandebeck A, Voordeckers W, Lambrechts F, Huybrechts J. Board role performance and faultlines in family firms: The moderating of formal board evaluation [J]. Journal of Family Business Strategy, 2016, 7 (4): 249-259.

② Harrison D A, Klein K J. What's the difference? Diversity constructs as separation, variety, or disparity in organizations [J]. Academy of Management Review, 2007, 32 (4): 1199-1228.

③ Li J, Hambrick D C. Factional groups: A new vantage on demographic faultlines, conflict, and disintegration in work teams [J]. Academy of Management Journal, 2005, 48 (5): 794-813.

④ 陈慧,梁巧转,张悦. 基于 Meta 分析的团队断裂研究:分类、效果与情境 [J]. 管理评论,2019 (3): 116-130.

子团队内部成员关系紧密，高度的信任使得他们存在强烈的利他主义行为，工作起来会更投入，有利于子团队快速整合，高效运转（陈慧等，2019）[①]。但是子团队之间严重缺乏信任。子团队为了维护团结而避免与外界过多交流信息，因而信息分享不畅，子团队内部信息高度同质化。关系相关型断裂带还导致偏见和歧视，形成各自为政的局面，严重情况下会产生强烈的团队间冲突。Bezrukova 等（2009）[②] 通过实证研究证明了当团队成员之间产生了愤怒、烦恼等情绪，关系恶化，将会极大损害团队士气，进一步影响团队承诺。整体来说，基于这一视角的断裂带产生的消极效果大于积极效果（Richard et al.，2019）[③]。团队的不良影响会使组织运作效率下降。所以对于企业来说，关系相关型断裂带给组织带来消极影响。如果这种冲突发生在高管团队，将对企业的战略规划和创新绩效产生非常不利的影响（Hutzschenreuter and Horstkotte，2013[④]）。

5. 任务相关型断裂带的后果分析

信息加工视角下，团队多样性的优势以子团队内部聚合和子团队之间通力合作的形式真正发挥出来。这一效用是通过团队成

① 陈慧，梁巧转，张悦. 基于 Meta 分析的团队断裂研究：分类、效果与情境 [J]. 管理评论，2019（3）：116-130.

② Bezrukova K，Jehn K A，Zanutto E L. Do workgroup faultlines help or hurt? A moderated model of faultlines, team identification, and group performance [J]. Organization Science，2009，20（1）：35-50.

③ Richard O C，Wu J，Markoczy L A，Chung Y. Top management team demographic-faultline strength and strategic change：What role does environmental dynamism play？[J]. Strategic Management Journal，2019，40（9）：987-1009.

④ Hutzschenreuter T，Horstkotte J. Performance effects of top management team demographic faultlines in the process of product diversification [J]. Strategic Management Journal，2013，34（6）：704-726.

员之间的认知整合产生的（Cronin and Bezrukova，2007）[1]。认知整合指团队成员通过个体过往经历（体现在所学知识、教育背景）对现有信息进行加工。团队成员信息加工的过程是编码（Encoded）、储存（Stored）和检索（Retrieved）的过程，每个团队成员都需要对其他成员的观点进行理解、加工和吸收（Cronin and Bezrukova，2007）[2]。在认知整合过程中通常会产生任务冲突，这种冲突是个体认知差异带来的，当产生任务冲突时，成员之间容易发生矛盾，但是认知整合过程还包括反思和学习的过程，会带来积极的整合效果。因此，当团队成员的注意力更多放在如何利用好自身所在子团队的知识背景优势，使团队获得更多方位的信息和决策基础时，就能避免"群体决策"的弊端。

由于子团队成员之间以开放包容的心态相互合作，团队多样性的优势得以发挥，团队信息得到充分整合，成员在运作良好的团队更容易产生组织承诺，离职意愿也会下降（Cooper et al.，2014[3]；Richard et al.，2019[4]），这有利于团队行为和绩效，在组织层面的整体运作效率得到提升。因此，任务相关型断裂带通常会对团队和组织的行为和绩效带来正向影响。

（三）断裂带与相近概念的关系辨析

异质性、多样性和断裂带都是团队研究的重要话题，关于异

---

[1][2] Cronin M A, Bezrukova K. The assets and liabilities of active faultlines: The role of cognitive and affective processes in team performance [J]. Cognitive and Affective Integration, 2007, 4 (1): 2-39.

[3] Cooper D, Patel P C, Thatcher S M B. It depends: Environmental context and the effects of faultlines on top management team performance [J]. Organization Science, 2014, 25 (2): 633-652.

[4] Richard O C, Wu J, Markoczy L A, Chung Y. Top management team demographic-faultline strength and strategic change: What role does environmental dynamism play? [J]. Strategic Management Journal, 2019, 40 (9): 987-1009.

质性的研究多关注高管团队成员的个体差异，而多样性则更关注团队成员背景的丰富性给团队带来的积极影响。一旦涉及团队的研究，这三个概念往往同时出现，但三者的区别在以往的研究中只是简单被提起，并未进行详细区分。有必要将断裂带与多样性和异质性进行系统的区分，以便更深入地理解团队断裂带的内涵，进而在不同的研究中能够根据研究对象和范围选择恰切的概念。

1. 异质性

按照 Finkelstein 等（1996）[①] 的定义，团队中的异质性指团队成员在年龄、性别、种族、教育背景、认知观念等方面表现出来的差异性特征。异质性的分析层次为个体，其着重关注团队成员之间的分布属性（Kirkman et al.，2004）[②]，及考察个体在团队中的单独作用。关于异质性的研究大多关注高管团队中 CEO 这类关键角色如何对整个团队产生的影响（Williams and O' Reilly，1998[③]；Wang et al.，2016[④]）。不可否认的是，除了这类关键角色，团队中的每一个成员都有其独特性，也会对团队行为和绩效产生不同程度的影响，因而异质性研究大多关注团队成员的独特性表现。简而言之，异质性关注的焦点是，个体如何影响团队的发展，而不太关注团队如何对个体产生影响。

---

① Finkelstein S, Hambrick D, Cannella A A. Strategic leadership ［J］. St. Paul：West Educational Publishing, 1996（1）.

② Kirkman B L, Tesluk P E, Rosen B. The impact of demographic heterogeneity and team leader-team member demographic fit on team empowerment and effectiveness ［J］. Group & Organization Management, 2004, 29（3）：334-368.

③ Williams K, O' Reilly C. Demography and diversity in organizations：A review 40 years research ［J］. Research in Organizational Behavior, 1998（20）：77-140.

④ Wang G, Holmes R M, Oh I, Zhu W. Do CEOS matter to firm strategic actions and firm performance? A meta-analytic investigation based on upper echelons theory ［J］. Personnel Psychology, 2016, 69（4）：775-862.

2. 多样性

多样性通常被定义为"工作单位中相互依存的成员之间的个人属性分布"（Jackson et al.，2003）[1]。在此基础上，Harrison 和 Klein（2007）[2] 将多样性的类型和含义拓展到了三种不同维度：第一种为对立性（Separation），这种多样性在团队成员之间的立场或观点的差异，主要是价值观或态度方面的分歧或对立，不利于成员之间增强凝聚力，会使得团队成员信任程度低，易引发冲突，从而降低绩效。第二种为丰富性（Variety），指团队成员之间有关知识和经验的种类、来源或类别的差异构成的独特信息。这种类型的多样性能带来更好的创意、更高质量的决策，但同时任务冲突也会更多。第三种为差异性（Disparity），指团队成员之间在社会资源、收入、身份地位等方面的差异。这种多样性易引发团队内部竞争、减少成员精力和感情的双重投入，甚至导致成员之间互相怨恨。这三种多样性通常同时出现在一个团队之中，带来混合效应。

多样性的分析层次是团队，其同样关注团队成员之间的分布属性。没有差异不会形成多样性，但多样性关注的重点是差异带来的结果（谢小云和张倩，2011[3]；陈慧等，2019[4]）。团队成员的差异是把双刃剑，因此多样性对于团队绩效的影响有正有负。正向作用表现在具备多样性的团队内部知识构成更加丰富，团队

[1] Jackson S E, Joshi A, Erhardt N L. Recent research on team and organizational diversity：SWOT analysis and implication [J]. Journal of Management，2003，29（6）：801–830.

[2] Harrison D A, Klein K J. What's the difference? Diversity constructs as separation, variety, or disparity in organizations [J]. Academy of Management Review，2007，32（4）：1199–1228.

[3] 谢小云，张倩. 国外团队断裂带研究现状评介与未来展望 [J]. 外国经济与管理，2011，33（1）：34–42.

[4] 陈慧，梁巧转，张悦. 基于 Meta 分析的团队断裂研究：分类、效果与情境 [J]. 管理评论，2019（3）：116–130.

成员能力更多元化，有利于适应市场的需求（Bell et al.，2011）①。负向作用则是由于团队成员缺乏信任，容易形成内部竞争（Harrison and Klein，2007）②。

3. 断裂带

团队断裂带的分析层次是团队，关注的是个体某些相似的维度如何在团队中组合形成聚合效应（Lau and Murnighan，2005）③。团队断裂带重点关注人们处于小团体中如何表现。断裂带将个体放入团队的环境综合考量，进而发现个体在群体中表现更加极端。一方面，个体独自行动时可能会缺乏方向感，表现为自控力不足、努力程度有限等。一旦将个体放入群体之中，个体由于他人在场会更兴奋，一部分潜能得到唤醒，令其更加高效。另一方面，个体在群体中更容易失去自我感，更少独立思考，从而形成群体思维，造成群体极化，严重情况下导致群体失控。团队断裂带从整体的角度分析成员特征如何整合并形成组合的影响（Williams and O'Reilly，1998）④，弥补了以往研究的空缺。

4. 三者的联系

个体的差异是团队合作的基础，但同时也是团队冲突的根源，因此可以认为异质性是团队多样性以及团队断裂带形成的基础条件。尽管异质性和多样性都关注团队成员的分布属性，但异

① Bell S T, Villado A J, Lukasik M A. Getting specific about demographic diversity variable and team performance relationships: A meta-analysis [J]. Journal of Management, 2011, 37 (3): 709–743.

② Harrison D A, Klein K J. What's the difference? Diversity constructs as separation, variety, or disparity in organizations [J]. Academy of Management Review, 2007, 32 (4): 1199–1228.

③ Lau D C, Murnighan J K. Interactions within groups and subgroups: The effects of demographic faultlines [J]. Academy of Management Journal, 2005, 48 (4): 645–659.

④ Williams K, O'Reilly C. Demography and diversity in organizations: A review 40 years research [J]. Research in Organizational Behavior, 1998 (20): 77–140.

质性更多强调的是个体以及个体差异。多样性在维度上比异质性更加复杂，带来的冲突与对抗也更激烈。团队断裂带弥补了多样性和异质性研究只关注个体的缺陷。以往的研究将重点放在团队成员各自差异特征分布的离散程度上，而团队断裂带关注的是每个影响因素融合在一起的整体效应，这个整体效应通过交互作用实现，交互作用的效果大于单个属性的独立作用，因此从团队层面更清楚地解释了团队成员特质如何对团队发挥作用。这一概念的提出既是对异质性、多样性研究的深化和超越，又打开了新的理论视角。

（四）高管团队断裂带的相关理论

Carton 和 Cummings（2012）[1] 认为，断裂带属性特征不同，由此形成的子群体也应该被区别对待（Jehn et al.，1999）[2]，适用于高管团队断裂带与子群体分析的常用理论主要有以下几种。

1. 社会认同理论/自我归类理论

社会认同理论和自我归类理论都认为子群体的成员能够主动判断自己与其他成员在相似属性上的差异度，并对差异度较小的个体产生强烈认同感（Tajfel，1981）[3]。子群体的个体成员之间会根据各种相似特征而形成群体，并将其他成员划分为"圈内—圈外"的断裂带格局，个体对群体内的成员会产生认同感和吸引

① Carton A M, Cummings J N. A theory of subgroups in work teams [J]. Academy of Management Review, 2012, 37（3）: 441-470.

② Jehn K A, Northcraft G B, Neale M A. Why differences make a difference: A field study of diversity, conflict and performance in workgroups [J]. Administrative Science Quarterly, 1999, 44（4）: 741-763.

③ Tajfel H. Human groups and social categories: Studies in social psychology [M]. Cup Archive, 1981.

力（Tajfel，1981）[1]。群体成员会将自己划分至某一属性的子群体内，从而产生对子群体与其他子群体的认知差异，导致去个性化。相对于其他子群，同一子群的个体倾向于相互给予更高评价，对子群外的成员则会有低估倾向（Messick and Mackie，1989）[2]，从而形成了子群之间鲜明的界限。Veltrop 等（2015）[3]基于自我归类理论，发现高管团队的社会分类断裂带强度越大，越容易被激活，导致"圈内—圈外"的断裂带格局被加剧，从而对企业绩效产生消极影响。

社会认同理论（Social Identity Theory），最早是对群体行为普遍的中心特征进行研究，后来逐渐发展为种族中心主义（Ethnocentrism），这对社会身份认同理论的产生有着重要影响。在前人研究基础上，Tajfel（1972）[4] 以他对社会中的偏见、歧视和群体间冲突的理解，整合了他早期关于分类和社会感知的经典研究，开发了社会身份认同理论。Tajfel 和 Turner（1978）[5] 对个体认同和社会认同进行区分，进一步发展了社会身份认同理论。

社会身份认同是指个体关于自己归属某个社会群体的知识以及因其群体成员身份而拥有的情感和价值意义（Tajfel，1981[6]；

[1][6]　Tajfel H. Human groups and social categories：Studies in social psychology ［M］. Cup Archive，1981.

[2]　Messick D M, Mackie D M. Intergroup relations ［J］. Annual Review of Psychology，1989，40（1）：45-81.

[3]　Veltrop D B, Hermes N, Postma T J B M. A tale of two factions：Why and when factional demographic faultlines hurt board performance ［J］. Corporate Governance An International Review，2015，23（2）：145-160.

[4]　Tajfel H. Some developments in European social psychology ［J］. European Journal of Social Psychology，1972.

[5]　Tajfel H, Turner J C. Intergroup behavior ［J］. Introducing social psychology，1978：401-466.

Tajfel and Turner，1986[①]）。社会群体被定义为由两个以上的人构成并且满足以下条件：其一，他们以相同的方式来识别和评价自己；其二，他们对自己是谁以及自身具有的属性有相同的定义；其三，他们遵循相同的模式与非本群体成员互动。现实生活中，人们可以同时认同多个不同的群体，即拥有多重社会身份。

在社会认同理论的基础上，学者们又提出了社会分类理论（Social Categorization Theory）（Huddy，2001）[②]，两个理论都承认，社会身份认同源于认知因素和动机因素。二者的主要区别是：社会身份认同理论主要审视人们如何支持和驳斥群体成员身份的心理动机，侧重社会身份的形成，各类社会群体是怎么出现的，认知原型怎么确定，每个身份（Identity）如何影响每个个体的行为；而社会分类理论主要考察个体如何识别自己的身份并依据自己的身份来活动，其中的自我归类（Self-categorisation）着重讨论个体怎么决定自己所处的社会群体，尤其是当存在多个社会群体时如何权衡，最终形成一个属于自己的行为风格（Turner et al.，1987）[③]。

2. 信息决策理论

信息决策理论（Information decision Theory）始于 Byrne（1971）[④]的研究，认为个体差异导致其对信息的辨别、加工、处理方式不同，从而产生决策上的差异并使团队分化成为若干个子

---

① Tajfel H，Turner J C. The social identity theory of intergroup behavior［M］//S. Worchel and W. G. Austin（Eds.），Psychology of Intergroup Relations. Chicago：Nelson-Hall Publishers，1986.

② Huddy L. From social to political identity：A critical examination of social identity theory［J］. Political Psychology，2001，22（1）：127-156.

③ Turner J C，Hogg M A，Oakes P J. Rediscovering the social group：A self-categorization theory［M］. Oxford：Basil Blackwell，1987.

④ Byrne D. The attraction paradigm［M］. Academic Press，1971.

群体。周建和李小青（2012）从信息决策理论视角提出，董事会任务断裂带可以拓宽董事会的信息来源渠道，从而推动企业的创新发展。多样化的团队在执行任务过程中表现出多样化的知识结构和工作技能，对组织绩效有正向影响，因为这样可以避免群体性、单一性思维的产生，提高企业的科学决策水平（谢小云和张倩，2011）[①]。多样化的认知同时会带来观念分歧，形成认知冲突，导致价值观和知识背景相似的成员倾向于组成子群体，便于从群体中获得支持（范合君和杜博，2015）[②]。

　　信息决策理论的基本主张是团队构成异质性带来更多信息，增加知识传播的深度和广度，从而对团队和个体带来积极的影响。主要原因是：第一，人口结构单一的高管团队不太可能打破常规，做出新的战略决策（Bantel and Jackson，1989[③]；Wiersema and Bantel，1992[④]）。组内成员之间不太可能互相批评对方的想法，而且可能会过度关注并保持一致的意见，产生群体思维（Group Thinking）或者群体极化（Group Polarization）。因此，高管团队可能会忽略重要的细节，屈服于惰性，并受群体思维的影响（Hambrick and Mason，1984[⑤]；Jehn et al.，1999[⑥]），导致他

　　① 谢小云，张倩. 国外团队断裂带研究现状评介与未来展望［J］. 外国经济与管理，2011，33（1）：34-42.

　　② 范合君，杜博. 多样化团队群体断裂带研究综述［J］. 经济管理，2015，37（7）：182-190.

　　③ Bantel K A，Jackson S E. Top management and innovations in banking: Does the composition of the top team make a difference? ［J］. Strategic Management Journal，1989，10（S1）：107-124.

　　④ Wiersema M F，Bantel K A. Top management team demography and corporate strategic change ［J］. Academy of Management Journal，1992，35（1）：91-121.

　　⑤ Hambrick D C，Mason P A. Upper echelons: The organization as a reflection of its top managers ［J］. Academy of Management Review，1984（9）：193-206.

　　⑥ Jehn K A，Northcraft G B，Neale M A. Why differences make a difference: A field study of diversity，conflict and performance in workgroups ［J］. Administrative Science Quarterly，1999，44（4）：741-763.

们加强而不是打破熟悉的投资模式（Finkelstein et al.，1996）[1]。第二，高管团队成员的异质性意味着要挖掘偏好和信仰、商业和生活经验、技能和信息网络的多样性（Jackson，1992）[2]，这就开辟了更广泛的战略选择，增加了战略决策的新颖性（Bantel and Jackson，1989[3]；Wiersema and Bantel，1992[4]）。第三，高管团队内部的经验、技能、观点、偏好和信息的多样性可能会刺激与任务相关的建设性批评和辩论，也就是说任务冲突引导团队发展新的想法和方法（Amason，1996[5]；Jehn et al.，1999[6]），这增加了战略创新的可能性，降低了战略决策常规化、范围有限和遵循熟悉模式的可能性（Simons et al.，1999[7]；Hambrick et al.，1996[8]）。例如，由于个人经验、技能、信念和社会网络的异质性，从公司内部的分析员或从外部顾问那里收集到关于潜在市场的分析报告往往与高管团队的认知不一致，深入研究问题的愿望

---

① Finkelstein S，Hambrick D，Cannella A A. Strategic leadership [J] . St. Paul：West Educational Publishing，1996（1）.

② Jackson S E. Consequences of group composition for the interpersonal dynamics of strategic issue processing [J] . Advances in Strategic Management，1992，8（3）：345-382.

③ Bantel K A，Jackson S E. Top management and innovations in banking：Does the composition of the top team make a difference？[J]. Strategic Management Journal，1989，10（S1）：107-124.

④ Wiersema M F，Bantel K A. Top management team demography and corporate strategic change [J] . Academy of Management Journal，1992，35（1）：91-121.

⑤ Amason A C. Distinguishing the effects of functional and dysfunctional conflict on strategic decision making：Resolving a paradox for top management teams [J] . Academy of Management Journal，1996，39（1）：123-148.

⑥ Jehn K A，Northcraft G B，Neale M A. Why differences make a difference：A field study of diversity，conflict and performance in workgroups [J] . Administrative Science Quarterly，1999，44（4）：741-763.

⑦ Simons T，Pelled L H，Smith K A. Making use of difference：Diversity，debate，and decision comprehensiveness in top management teams [J] . Academy of Management Journal，1999，42（6）：662-673.

⑧ Hambrick D C，Cho T S，Chen M J. The influence of top management team heterogeneity on firms' competitive moves [J]. Administrative Science Quarterly，1996（1）：659-684.

与解决争论的需要会促使高管团队从外部人士那里收集更多的数据（Ancona and Caldwell，1992）[1]。

在信息爆炸的今天，稀缺的资源不是信息，而是过滤、处理和加工信息的能力。群体决策优于个人决策，群体成员同时犯一样错误的概率大大减少；群体决策可将问题分解，由各自领域部门的专家就自己的职能经验诊断与处理，这样可以提高决策的速度和质量。Bezrukova 等（2009）[2] 的研究表明，团队成员技能和专业知识的多样性将有益于提高团队技能、增加团队交流、形成新观点、解决困难问题等。谢小云和张倩（2011）[3] 认为，多样化团队在履行任务过程中表现出的知识和技能多元化，对团队做出科学决策极具价值，可以避免群体思维（Group Thinking）和极化（Polarization）的产生。

根据信息决策理论，子群体的存在除了摩擦与冲突，也可能提高团队成员对信息的加工与利用程度（Homan et al.，2007）[4]，进而有益于团队决策质量的提高与改善。然而，学者们从信息决策理论出发对团队内子群体互动的实证研究并没有得到一致的预期结果，有相当的研究表明，任务断裂带易于引起认知冲突，促使团队内部子群体间形成对立，进而导致企业绩效降低。仅少量实证证据表明子群体的存在对绩效具有积极作用（Gibson and

---

① Ancona D G，Caldwell D F. Demography and design：Predictors of new product team performance [J]．Organization Science，1992，3（3）：321-341.

② Bezrukova K，Jehn K A，Zanutto E L. Do workgroup faultlines help or hurt？ A moderated model of faultlines，team identification，and group performance [J]．Organization Science，2009，20（1）：35-50.

③ 谢小云，张倩. 国外团队断裂带研究现状评介与未来展望 [J]．外国经济与管理，2011，33（1）：34-42.

④ Homan A C，Van Knippenberg D，Van Kleef G A. Bridging faultlines by valuing diversity：Diversity beliefs，information elaboration，and performance in diverse work groups [J]．Journal of Applied Psychology，2007，92（5）：1189-1199.

Vermeulen，2003）[1]。

3. 相似相吸范式

相似相吸范式（Similarity – attraction Paradigm）最早是由
Byrne（1971）[2] 提出，认为具有相近态度和价值观念的个体会倾
向于进行更加有效和和谐的沟通，而态度与信念差异较大的个体
之间则沟通较少甚至产生人际冲突，从而扩大了不同子群之间的
距离，形成断裂带（王端旭和薛会娟，2009）[3]。

信息决策理论和社会分类理论本质上都是从人口统计的个体
特征的差异性出发，认为相似特征的人会互相吸引而形成子群，
并激发团队形成"圈内—圈外"的人际格局，影响组织内个体间
的沟通和协作，对组织绩效具有负向影响。

4. 分类—精细加工模型

分类—精细加工模型又称分类精细化模型（Categorization -
elaboration Model），该理论强调类别的显著性对团队的重要影响
（Van Knippenberg et al.，2004）[4]，聚焦于从子群内和子群间的双
重视角来解释群体断裂带，整合了信息决策理论和社会分类理论
的分歧，从比较拟合度、规范拟合度和认知可达性三个角度解释
了子群分类的显著性程度（成泷，2018）[5]。比较拟合度是从自我
分类与子群内的相似性及子群间的差异性的主观认知程度解释
的；规范拟合度解释个体对子群分类的主观认知程度；认知可达

---

① Gibson C，Vermeulen F. A healthy divide：Subgroups as a stimulus for team learning behavior
[J]. Administrative Science Quarterly，2003，48（2）：202-239.

② Byrne D. The attraction paradigm [M]. Academic Press，1971.

③ 王端旭，薛会娟. 多样化团队中的断裂带：形成、演化和效应研究 [J]. 浙江大学学报
（人文社会科学版），2009，39（5）：122-128.

④ Van Knippenberg A D，De Dreu C K，Homan A C. Work group diversity and group performance：
An integrative model and research agenda [J]. Journal of Applied Psychology，2004（89）：1008-1022.

⑤ 成泷. 技术创新网络分裂断层对合作创新绩效的影响研究 [D]. 西安理工大学，2018.

性是指基于异质性产生的社会分类能否被个体轻易察觉并激活，进而对组织产生影响（Van Knippenberg et al.，2004）[1]。这一研究成果进一步丰富了群体断裂带研究的理论基础。

5. 最佳差异原理

最佳差异原理（Optimal Distinctiveness Theory）主要阐述了子群体形成的过程和断裂带的作用。该理论认为个体既有寻求与他人相似性的一面，也有保持独立性的一面；这实际上代表了人的两面性，既希望能从相似性的一面当中获得他人的理解、帮助、支持和忠诚，从而获得归属感和安全感，也希望在独立性的一面当中体现自己的独树一帜、与众不同，从而获得他人的赞赏和荣誉。团队内部子群的存在恰好满足了这一点，子群内部满足了个体追求相似性的需要，而子群之间的差异性又满足了个体追求独立性的需求（周晓敏，2019[2]；Brewer，2007[3]）。

上述关于断裂带常用的理论汇总如表 2-2 所示。

表 2-2　TMT 断裂带相关理论一览表

理论	主要观点	文献举例
社会认同理论/自我归类理论	子群体的成员能够主动判断自己与其他成员在相似属性上的差异度，并对差异度较小的个体产生强烈认同感	Tajfel 和 Turner（1986）[4]

---

① Van Knippenberg A D, De Dreu C K, Homan A C. Work group diversity and group performance：An integrative model and research agenda ［J］. Journal of Applied Psychology，2004（89）：1008-1022.

② 周晓敏. 高管变更、团队重构与企业绩效 ［D］. 中央财经大学，2019.

③ Brewer M B. The importance of being we：Human nature and intergroup relations ［J］. American Psychologist，2007，62（8）：728.

④ Tajfel H，Turner J C. The social identity theory of intergroup behavior ［M］//S. Worchel and W. G. Austin（Eds.），Psychology of Intergroup Relations. Chicago：Nelson-Hall Publishers,1986.

理论	主要观点	文献举例
信息决策理论	由于个体差异导致其对信息的辨别、加工、处理方式不同而产生决策上的差异，进而导致团队分化成为若干子群体	周建和李小青（2012）[①] 谢小云和张倩（2011）[②] 范合君和杜博（2015）[③]
相似相吸范式	具有相近态度和价值观念的个体会倾向于进行更加有效和和谐的沟通，而态度与信念差异较大的个体之间则沟通较少甚至产生人际冲突，从而扩大了不同子群之间的距离，形成断裂带	王端旭和薛会娟（2009）[④]
分类—精细加工模型	从子群内和子群间的双重视角来解释群体断裂带，整合了信息决策理论和社会分类理论的分歧	Van Knippenberg 等（2004）[⑤]
最佳差异原理	人有两面性，既希望能从相似性的一面当中获得他人的理解、帮助、支持和忠诚，从而获得归属感和安全感，也希望在独立性的一面当中体现自己的独树一帜、与众不同，从而获得他人的赞赏和荣誉	Brewer（2007）[⑥]

（五）高管团队断裂带的测量

团队断裂带的提出引发了学术界对断裂带测度方法的持续关注。Thatcher 等（2003）[⑦] 首次开发了群体断裂带的测度指标，提出用 Fau 算法量化群体断裂的强度，即通过组间方差与总体方

---

① 周建，李小青. 董事会认知异质性对企业创新战略影响的实证研究［J］. 管理科学，2012，25（6）：1-12.

② 谢小云，张倩. 国外团队断裂带研究现状评介与未来展望［J］. 外国经济与管理，2011，33（1）：34-42.

③ 范合君，杜博. 多样化团队群体断裂带研究综述［J］. 经济管理，2015，37（7）：182-190.

④ 王端旭，薛会娟. 多样化团队中的断裂带：形成、演化和效应研究［J］. 浙江大学学报（人文社会科学版），2009，39（5）：122-128.

⑤ Van Knippenberg A D, De Dreu C K, Homan A C. Work group diversity and group performance：An integrative model and research agenda［J］. Journal of Applied Psychology，2004（89）：1008-1022.

⑥ Brewer M B. The importance of being we：Human nature and intergroup relations［J］. American Psychologist，2007，62（8）：728.

⑦ Thatcher S M B, Jehn K A, Zanutto E. Cracks in diversity research：The effects of diversity faultlines on conflict and performance［J］. Group Decision and Negotiation，2003，12（3）：217-241.

差的比值来测度群体的总体差异性被子群差异性解释的程度。Fau 算法取值范围为 0~1，其枚举了所有可能的分类方式，且分类方式数目随着成员数的增加成指数增长，如 20 人组根据公式 $S=2^{n-1}-1$，则有 $2^{19}-1$ 种可能性，即使在今天的大数据时代也要耗费非常多的资源，团队成员数量会影响 Fau 算法的实现能力。之后 Gibson 和 Vermeulen（2003）[①] 开发了 Subgroup Strength 指标，通过不同属性重叠度倒数的方差来判别群体断裂的情况，首先根据成员属性的重叠度测算整个团队的重叠性；其次通过团队同质性结果的倒数测度异质性；最后利用总重叠度的标准偏差计算团队断裂程度。Subgroup Strength 指标中，成员分类变量重叠度取值为 0 或 1，连续变量取值范围为 0~1。但是，由于个体值随后聚合到团队级变量中，这些极端都趋于平稳。此外，每个人口变量的权重相等，因为没有证据表明在所有团队中一个变量比另一个更有影响力。此指标虽然对分裂子组不设限，但却无法揭示子组结构。

此后，Shaw（2004）[②] 和 Trezzini（2008）[③] 相继开发了 FLS 和 PMD_{cat} 算法，FLS 取值范围为 0~1，旨在通过组内一致性和组间一致性指标的拟合来测度断裂带。而 PMD_{cat} 取值范围为 0~0.5，强调通过极化程度来揭示子组完全对抗的情况。这两种方法都仅适用于分类变量，连续变量转换后会缺乏信息。其中，FLS 指标对连续变量进行分类转换一般通过两种方式完成：一是

---

① Gibson C，Vermeulen F. A healthy divide：Subgroups as a stimulus for team learning behavior [J]. Administrative Science Quarterly，2003，48（2）：202-239.

② Shaw J B. The development and analysis of a measure of group faultlines [J]. Organizational Research Methods，2004，7（1）：66-100.

③ Trezzini B. Probing the group faultline concept：An evaluation of measures of patterned multi-dimensional group diversity [J]. Quality & Quantity，2008，42（3）：339-368.

基于文化背景或研究需求查找特定属性相关的分类研究；二是采取纯粹的经验方法来确定个体样本中发现的属性类别的变量。此外，这两种方法处理所得到的子组不同于断裂带的核心内涵，断裂带是由多个属性同时分割形成，而这两个指标强调单个属性分裂形成的断裂带，因此，无法揭示涉及多属性的子组结构。Bezrukova 等（2009）[①] 在 Fau 基础上开发了 Fau×D_e 指数，将距离纳入断裂带测量维度，阐明由子组间累计差异导致的亚群分化程度，该指数取值大于 0。断裂带强度让成员有群体归类的感知，即我属于跟我有相似特征的群体，只有同时考虑断层线的两个方面才能洞悉群体中断裂带真正的内涵。Fau×D_e 指标在结构层面上拓展了 Thatcher 等（2003）[②] 对断裂带的理解，进一步优化了 Fau 指标，但也沿袭了 Fau 指标的局限性，在变量处理上存在主观性，仅能测度两个子组的不足。

Van Knippenberg 等（2011）[③] 开发了 F_k 算法，通过构成群体断裂带属性间的相关度来判定群体分裂程度，即将每个属性依次作为因变量进行回归，由于每个属性都作为因变量进入回归，对于在一个属性上完全相同的组，它不可能计算出断层线的强度，在这种情况下，即使在组中的其他属性有一些重叠，该方法的输出结果值仍为 0。此外，对于 F_k 指标，二维断层线和三维断层线以及 k 维断层线在性质上没有本质的不同，都是计算团队成员特征在不同多样性属性上的集中程度，只在所基于的多样性属性的

---

① Bezrukova K, Jehn K A, Zanutto E L. Do workgroup faultlines help or hurt? A moderated model of faultlines, team identification, and group performance [J]. Organization Science, 2009, 20 (1): 35–50.

② Thatcher S M B, Jehn K A, Zanutto E. Cracks in diversity research: The effects of diversity faultlines on conflict and performance [J]. Group Decision and Negotiation, 2003, 12 (3): 217–241.

③ Van Knippenberg D, Dawson J F, West M A. Diversity faultlines shared objectives and top management team performance [J]. Human Relations, 2011, 64 (3): 307–336.

数量上有所不同。性别包括男女是二维属性，可进行二元逻辑回归。而功能背景是六维属性（有 6 个职能类别），需执行多项逻辑回归，计算多维属性系数伪 R^2 的值来测度断层线，伪 R^2 在 0~1 范围内变动，值越大代表断裂程度越大。之后，Lawrence 和 Zyphur（2011）[1] 提出 LCCA 指数，该方法适用于多个二分类变量的聚类分析。LCCA 指数可通过 AIC、BIC、Entropy 值等方式测度，可对分类结果进行检验，还能根据模型的聚合度使用相对无限数量的属性，但是 LCCA 适用于较大规模群体（大于 30 人），对于小规模团体的测度实用性较低。

Myer 和 Glenz（2013）[2] 开发了 ASW 算法，该算法也采用聚类的方式对群体分类，并从组内相似性和组间差异性角度出发对分类结果进行了检验，该算法取值范围介于 -1~1。ASW 聚类首先要对团队成员进行预聚，预聚的基本思想是先将团队的 n 个成员各自归为一类，共 n 个集群，计算集群两两之间的距离，构成距离矩阵，并采用不同策略将其合并，直到所有对象都属于同一个集群（Mojena，1977）[3]。从信息的利用效率来看，一般认为 Ward 算法和 Average Linkage 算法最优。Ward 算法倾向于在目标对象相对接近的区域创建小集群，计算所有成员合并前后误差平方和的增量，将增量最小的两个组合并，得到高度同质的两个集群，在子群大小相当的情况下，Ward 算法能进一步平衡集群大小。然而，若子群大小不等，该算法可能无法找到最优解，这时

① Lawrence B S, Zyphur M J. Identifying organizational faultlines with latent class cluster analysis [J]. Organizational Research Methods, 2011, 13（1）：32-57.

② Myer B, Glenz A. Team faultline measures：A computational comparison and a new approach to multiple subgroups [J]. Organizational Research Methods, 2013, 16（3）：393-424.

③ Mojena R. Hierarchical grouping methods and stopping rules：An evaluation [J]. Computer Journal, 1977, 20（4）：359-363.

可采用 Average Linkage 算法来聚类，它将两个集群中所有集群成员之间的最小平均距离连接在一起（Seifoddini，1989）[①]。ASW聚类将这两种算法结合使用，达到最优聚类效果，最后利用 ASW值计算所有群体成员个人轮廓宽度的平均值，量化单个群体成员与不同集群的匹配程度。此外，ASW 方法还可以对初始聚类的结果进行检验，通过将每个成员连续地放置到其他子组来观察 ASW值，如 ASW1、ASW2、ASW3，最终将成员调到 ASW 值最大的子组，如图 2-2 所示。通过这种方式改进 Ward 和 Average Linkage算法，可以规避群体变量局部最优而非整体最优的风险。

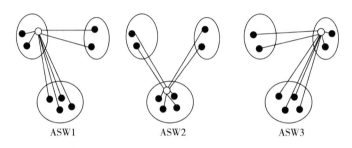

ASW1   ASW2   ASW3

图 2-2　ASW 方法改进

资料来源：柳学信，曹晓芳. 群体断裂带测度方法研究进展与展望［J］. 经济管理，2019，41（01）：191-208.

总体来看，断裂带方法的研究已由先前的定性描述、简单的分类逐步深入到多属性对齐程度测度、子组识别、子组结构（子组数量、规模、均衡度、依属关系）、子组分类精准度检验等层面（Thatcher and Patel，2012[②]；Meyer et al.，2014[③]）。基于算法

① Seifoddini H K. Single linkage versus average linkage clustering in machine cells formation applications［J］. Computers & Industrial Engineering，1989，16（3）：419-426.

② Thatcher S M B，Patel P C. Group faultlines：A review，integration，and guide to future research［J］. Journal of Management，2012，38（4）：969-1009.

③ Meyer B，Glenz A，Antino M，Rico R，González-Romá V. Faultlines and subgroups：A meta-review and measurement guide［J］. Small Group Research，2014，45（6）：633-670.

实现的视角，断裂带的测度方法可以划分为方差分解法（Fau，
Fau×D$_e$，Subgroup Strength）、交叉分类法（FLS，PMD$_{cat}$，F$_k$）、
聚类法（LCCA，ASW）三类，如图2-3所示。

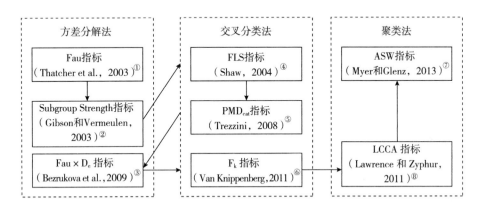

图2-3 断裂带测度方法进展

资料来源：柳学信，曹晓芳. 群体断裂带测度方法研究进展与展望［J］. 经济管理，2019，41（01）：191-208.

总之，高管团队断裂带的提出是对高管团队多样性的拓展，

① Thatcher S M B, Jehn K A, Zanutto E. Cracks in diversity research：The effects of diversity faultlines on conflict and performance［J］. Group Decision and Negotiation，2003，12（3）：217-241.

② Gibson C，Vermeulen F. A healthy divide：Subgroups as a stimulus for team learning behavior［J］. Administrative Science Quarterly，2003，48（2）：202-239.

③ Bezrukova K，Jehn K A，Zanutto E L. Do workgroup faultlines help or hurt? A moderated model of faultlines，team identification，and group performance［J］. Organization Science，2009，20（1）：35-50.

④ Shaw J B. The development and analysis of a measure of group faultlines［J］. Organizational Research Methods，2004，7（1）：66-100.

⑤ Trezzini B. Probing the group faultline concept：An evaluation of measures of patterned multi-dimensional group diversity［J］. Quality & Quantity，2008，42（3）：339-368.

⑥ Van Knippenberg D，Dawson J F，West M A. Diversity faultlines shared objectives and top management team performance［J］. Human Relations，2011，64（3）：307-336.

⑦ Myer B，Glenz A. Team faultline measures：A computational comparison and a new approach to multiple subgroups［J］. Organizational Research Methods，2013，16（3）：393-424.

⑧ Lawrence B S，Zyphur M J. Identifying organizational faultlines with latent class cluster analysis［J］. Organizational Research Methods，2011，13（1）：32-57.

同时弥补了高管团队异质性研究对企业治理结构应用方面的局限性，这是鉴于现实生活中企业工作团队通常由 4 人以上组成，并可能基于人口统计维度的多样性和组合形成子组，这时探索新的结构以帮助我们理解组内多样性特征分布的影响就显得非常重要。断层带的存在同时考虑了多个属性及其相互关系对潜在子群形成的影响，允许我们在研究团队组成时捕捉多样性的多种表现方式。它使我们能够解释当一个团队在不止一个属性（例如，年龄和教育背景）时发生的联合效应。高管团队断裂带形成的本质是团队成员基于自身的属性特征相互吸引或者排斥，具有相似特征的个体会相互吸引，并形成亚群体，这些亚群间的分割带就形成了断裂带。在组织后续的工作展开过程中，基于团队成员属性排列形成的不同类型的多样性属性断裂带会对组织绩效产生不同的影响。

（六）断裂带测度方法的应用研究

群体断裂带的测量方法已应用于个体层面、团队层面和组织层面，如图 2-4 所示。个体层面研究包括个体创造力、个体满意度、个体合作意愿与个体离职率等。Ou 等（2017）[①] 用 Fau×D_e 算法测度了高管团队断裂带，指出高管团队断裂带会产生跨级效应，减弱员工工作满意度，驱动员工自愿离职。由社会分裂导致的断裂带会降低个体合作意愿，增加员工离职倾向（Bezrukova et al.，2014）[②]。

[①] Ou A Y, Seo J, Choi D, Hom P W. When can humble top executives retain middle managers? The moderating role of top management team faultlines [J]. Academy of Management Journal, 2017, 60 (5)：1915-1931.

[②] Bezrukova K, Thatcher S M B, Jehn K A. Group heterogeneity and faultlines：Comparing alignment and dipersion theories of group composition [J]. Research Gate, 2014, 10 (3)：57-92.

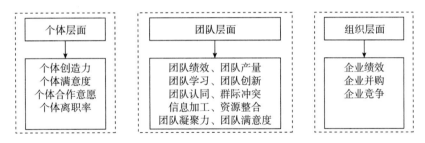

图 2-4 断裂带测度方法研究领域

资料来源：柳学信，曹晓芳．群体断裂带测度方法研究进展与展望［J］．经济管理，2019，41（01）：191-208.

团队层面研究包括团队绩效、团队满意度、群际冲突、团队产量、团队学习、团队创新、团队凝聚力、团队认同、信息加工、资源整合等。群体断裂带作为前因变量，会导致团队因功能缺失而无法发挥潜力（Polzer et al.，2006）[1]，产生一些负面效应，如降低团队绩效（Cooper et al.，2014）[2]、团队产量（Kunze and Bruch，2010）[3]、团队满意度（Bezrukova et al.，2014）[4] 和团队创造力（Qu and Liu，2017）[5]，降低团队士气、心理安全感，减弱团队凝聚力和共识（Flache and Mas，2008[6]；Thatcher and

① Polzer J T, Crisp C B, Jarvenpaa S L. Extending the faultline model to geographically dispersed teams: How colocated subgroups can impair group functioning ［J］. Academy of Management Journal, 2006, 49 (4): 679-692.

② Cooper D, Patel P C, Thatcher S M B. It depends: Environmental context and the effects of faultlines on top management team performance ［J］. Organization Science, 2014, 25 (2): 633-652.

③ Kunze F, Bruch H. Age-Based faultlines and perceived productive energy: The moderation of transformational leadership ［J］. Small Group Research, 2010, 41 (5): 593-620.

④ Bezrukova K, Thatcher S M B, Jehn K A. Group heterogeneity and faultlines: Comparing alignment and dipersion theories of group composition ［J］. Research Gate, 2014, 10 (3): 57-92.

⑤ Qu X, Liu X. Informational faultlines integrative capability and team creativity ［J］. Group & Organization Management, 2017, 42 (6): 77-791.

⑥ Flache A, Mas M. Why do faultlines matter? A computational model of how strong demographic faultlines undermine team cohesion ［J］. Simulation Modelling Pratice & Theory, 2008, 16 (2): 175-191.

Patel，2011①），增加群际冲突（Thatcher et al.，2003②；Li and Hambrick，2005③）。而一些变量作为中介效应可以缓解这些负面影响，如有效的团队激励（Tian et al.，2016）④、团队领导的多样性信念（Schoelmirich et al.，2016）⑤、变革型领导（Kunze and Bruch，2010）⑥、共同的目标（Van Knippenberg et al.，2011）⑦、高度任务动机（Meyer et al.，2011）⑧、沟通的频率（Kamp et al.，2011）⑨、成员间的高度信任和尊重（Cronin and Bezrukova，2007）⑩、组织级别的团队冲突（Bezrukova et al.，2014）⑪、团队认同（Jehn and Bezrukova，2010）⑫、团队的异质性（Bezrukova

① Thatcher S M B, Patel P C. Demographic faultlines: A meta-analysis of the literature [J]. Journal of Applied Psychology, 2011, 96 (6): 1119-1139.

② Thatcher S M B, Jehn K A, Zanutto E. Cracks in diversity research: The effects of diversity faultlines on conflict and performance [J]. Group Decision and Negotiation, 2003, 12 (3): 217-241.

③ Li J, Hambrick D C. Factional groups: A new vantage on demographic faultlines, conflict, and disintegration in work teams [J]. Academy of Management Journal, 2005, 48 (5): 794-813.

④ Tian Y, Tuttle B M, Xu Y. Using incentives to overcome the negative effects of faultline conflict on individual effort [J]. Behavioral Research in Accounting, 2016, 28 (1): 67-81.

⑤ Schoelmirich F, Schermuly C C, Deller J. How leaders' diversity eliefs alter the impact of faultlines on team functioning [J]. Small Group Research, 2016, 47 (2): 178-206.

⑥ Kunze F, Bruch H. Age-Based faultlines and perceived productive energy: The moderation of transformational leadership [J]. Small Group Research, 2010, 41 (5): 593-620.

⑦ Van Knippenberg D, Dawson J F, West M A. Diversity faultlines shared objectives and top management team performance [J]. Human Relations, 2011, 64 (3): 307-336.

⑧ Meyer B, Shemla M, Schermuly C C. Societal category salience moderates the effects of diversity faultlines on information elaboration [J]. Small Group Research, 2011, 42 (3): 257-282.

⑨ Kamp M V, Tjemkes B V, Jehn K A. Faultline activation and deactivation and their effect on conflict [C]. Istanbul Turkey, SSRN Electronic Journal, 2011.

⑩ Cronin M A, Bezrukova K. The assets and liabilities of active faultlines: The role of cognitive and affective processes in team performance [J]. Cognitive and Affective Integration, 2007, 4 (1): 2-39.

⑪ Bezrukova K, Thatcher S M B, Jehn K A. Group heterogeneity and faultlines: Comparing alignment and dipersion theories of group composition [J]. ResearchGate, 2014, 10 (3): 57-92.

⑫ Jehn K A, Bezrukova K. The faultline activation process and the effects of activated faultlines on coalition formation, conflict, and group outcomes [J]. Organizational Behavior and Human Decision Processes, 2010, 112 (1): 24-42.

et al.，2014)① 及资源整合（Qu and Liu，2017)② 等。此外，群体断裂带也能产生一些积极的效应，如中等程度的群体断裂能促进成员的学习行为（Gibson and Vermeulen，2003)③，而交互记忆中介了断裂带与团队任务和过程学习的关系（Rupert et al.，2016)④，能力断裂带能增强团队的凝聚力（Molleman，2005)⑤。同时，群体断裂带作为中间变量，可降低团队学习和团队绩效之间的正向关系（Davina and Livia，2012)⑥，缓和分配公平性对冲突之间的影响（Spell et al.，2011)⑦，调节高管团队异质性对资源—行为的联动效应，削弱感知到的人际不公平与心理痛苦之间的正向关系（Bezrukova et al.，2009)⑧，对高管团队如何留住中层管理者具有调节效应（Ou et al.，2017)⑨。

组织层面研究包括企业绩效、企业并购、企业竞争等。Ndo-

---

① Bezrukova K，Thatcher S M B，Jehn K A. Group heterogeneity and faultlines：Comparing alignment and dipersion theories of group composition ［J］. ResearchGate，2014，10（3）：57-92.

② Qu X，Liu X. Informational faultlines integrative capability and team creativity ［J］. Group & Organization Management，2017，42（6）：77-791.

③ Gibson C，Vermeulen F. A healthy divide：Subgroups as a stimulus for team learning behavior ［J］. Administrative Science Quarterly，2003，48（2）：202-239.

④ Rupert J，Blomme R J，Dragt M J. Being different，but close：How and when faultlines enhance team learning ［J］. European Management Journal，2016，13（4）：1-16.

⑤ Molleman E. Diversity in demographic characteristics，abilities and personality traits：Do faultlines affect functioning？［J］. Group Decision & Negotiation，2005，14（3）：173-193.

⑥ Davina V，Livia M. Group learning and performance：The role of communication and Faultlines ［J］. International Journal of Human Resource Management，2012，23（11）：2374-2392.

⑦ Spell C S，Bezrukova K，Haar J. Faultlines fairness and fighting：A justice perspective on conflict in diverse groups ［J］. Small Group Research，2011，42（42）：309-340.

⑧ Bezrukova K，Jehn K A，Zanutto E L. Do workgroup faultlines help or hurt？ A moderated model of faultlines，team identification，and group performance ［J］. Organization Science，2009，20（1）：35-50.

⑨ Ou A Y，Seo J，Choi D，Hom P W. When can humble top executives retain middle managers？ the moderating role of top management team faultlines ［J］. Academy of Management Journal，2017，60（5）：1915-1931.

for 等（2015）[①] 用 Fau 指标测度高管团队的断裂程度，发现高管团队断裂带、异质性和公司技术资源之间存在负向关系，三者共同降低企业的异常竞争行为。多数学者认为群体断裂带影响企业绩效（Veltrop et al.，2015[②]；Peteghem et al.，2014[③]；Kaczmarek et al.，2012[④]），而任务激励（Meyer et al.，2011）[⑤]、环境（Cooper et al.，2014）[⑥] 可调节这种负向影响。此外，Bezrukova 等（2009）[⑦] 发现虽然基于社会范畴的断裂带与组织绩效负相关，但基于信息的断裂带却与组织绩效正相关。而 Cooper 等（2014）[⑧]发现信息断裂带在低环境动态性、高复杂性和高宽容性下对企业绩效有正向影响，但在高环境动态性、低复杂性和低宽容性下对企业绩效有负向影响。

（七）高管团队断裂带对企业的影响研究

高管团队作为企业的核心决策主体，其每一项决策都有可能

---

① Ndofor H A, Sirmon D G, He X. Utilizing the firms resources: How TMT heterogeneity and resulting faultlines affect TMT tasks? [J] . Strategic Management Journal, 2015, 36 (11): 1656–1674.

② Veltrop D B, Hermes N, Postma T J B M. A tale of two factions: Why and when factional demographic faultlines hurt board performance [J] . Corporate Governance An International Review, 2015, 23 (2): 145–160.

③ Peteghem M V, Bruynseels L, Gaeremynck A. Beyond diversity: A tale of faultlines and frictions in the board of directors [J] . Proceeding of the Royal Society of London, 2014, 184 (1074): 109–114.

④ Kaczmarek S, Kimino S, Pye A. Board task –related faultlines and firm performance: A decade of evidence [J] . Corporate Governance An International Review, 2012, 20 (4): 337–351.

⑤ Meyer B, Shemla M, Schermuly C C. Societal category salience moderates the effects of diversity faultlines on information elaboration [J] . Small Group Research, 2011, 42 (3): 257–282.

⑥⑧ Cooper D, Patel P C, Thatcher S M B. It depends: Environmental context and the effects of faultlines on top management team performance [J] . Organization Science, 2014, 25 (2): 633–652.

⑦ Bezrukova K, Jehn K A, Zanutto E L. Do workgroup faultlines help or hurt? A moderated model of faultlines, team identification, and group performance [J] . Organization Science, 2009, 20 (1): 35–50.

影响企业的未来发展走向，因此对高管团队内部组成的研究是十分必要的。本书通过对国内外有关高管团队断裂带与企业的相关文献梳理发现，有关高管团队断裂带对企业的影响主要集中在经营绩效、发展战略、创新能力三个方面。

1. 高管团队断裂带对企业经营绩效的影响

Gibson 和 Vermeulen（2003）[①] 研究了高管团队断裂带对企业经营绩效的影响，研究发现高管团队断裂带对企业经营绩效的影响与其强度有关，但并不是断裂带强度越大，经营绩效就越好，相反，团队断裂带的强度越大，往往越会抑制企业经营绩效。Phillips（2004）[②] 通过研究发现，高管团队内部断裂带的形成往往会促进组织内部信息交流的流畅性，团队成员对于决策信息的接收会更加及时高效，从而促进企业经营绩效的提高。Pearsall 等（2008）[③] 研究指出，高管团队性别断裂带对团队内部的沟通交流会产生不利影响，甚至诱发团队冲突，对企业组织绩效是个不利的存在。组织经营绩效离不开团队的创造力，而团队的创造力往往依靠的是具有多种属性特征的团队成员，团队成员基于属性特征造成的组织内部的分化，往往会促进组织成员提出更具有创造性和利于组织发展的想法，从而促进组织绩效。Jehn 和 Bezrukova（2010）[④] 通过研究指出，团队断裂带的强度达到一定

① Gibson C, Vermeulen F. A healthy divide: Subgroups as a stimulus for team learning behavior [J]. Administrative Science Quarterly, 2003, 48 (2): 202-239.

② Phillips K W, Mannix E A, Neale M A, et al. Diverse groups and information sharing: The effects of congruent ties [J]. Journal of Experimental Social Psychology, 2004, 40 (4): 497-510.

③ Pearsall M J, Ellis A P J, Evans J M. Unlocking the effects of gender faultlines on team creativity: Is activation the key? [J]. Journal of Applied Psychology, 2008, 93 (1): 225-234.

④ Jehn K A, Bezrukova K. The faultline activation process and the effects of activated faultlines on coalition formation, conflict, and group outcomes [J]. Organizational Behavior and Human Decision Processes, 2010, 112 (1): 24-42.

程度就会使分化的子组趋于稳定，这种情况会促进这些子组间产生冲突，进一步抑制组织绩效。Tuggle 等（2010）[①] 通过研究发现董事会断裂带强度越大，越不利于董事会做出有利决策，企业绩效的下降也与此有关。Thatcher 等（2003）[②] 基于断裂带理论提出，断裂带越强越有可能加剧组织团队内的矛盾，破坏组织间的团结。姜莹莹（2017）[③] 探究了高管团队断裂带与企业价值的关系模型，发现高管团队关系断裂带对企业价值有消极影响，而任务断裂带则可以正向提升企业价值。魏月如（2018）[④] 以问卷调查的研究方法，实证检验了高管团队任务断裂带对企业绩效的影响，研究表明高管团队任务断裂带正向作用于企业绩效。汪沛和葛玉辉（2018）[⑤] 以中小企业为研究样本，发现高管团队任务属性断裂带有利于企业创新能力的提升。邓陶然（2019）[⑥] 以中国 A 股上市企业为研究样本，探究了任务相关和社会分类两种高管团队断裂带对企业绩效有何种影响，通过数据分析，研究发现社会分类型断裂带对企业绩效的影响呈正 U 形关系，而任务相关断裂带对企业绩效的影响呈倒 U 形关系。胡胜男（2021）[⑦] 采用多元线性回归、调节检验等方法，实证发现高管团队断裂带对企

① Tuggle C S, Schnatterly K, Johnson R A. Attention patterns in the boardroom: How board composition and processes affect discussion of entrepreneurial issues [J]. Academy of Management Journal, 2010, 53 (3): 550-571.
② Thatcher S M B, Jehn K A, Zanutto E. Cracks in diversity research: The effects of diversity faultlines on conflict and performance [J]. Group Decision and Negotiation, 2003, 12 (3): 217-241.
③ 姜莹莹. 创新战略下高管团队断层对企业价值影响的实证研究 [D]. 哈尔滨工业大学, 2017.
④ 魏月如. 高管团队断裂带对变革型领导与企业绩效关系的调节作用 [J]. 领导科学, 2018 (14): 38-41.
⑤ 汪沛, 葛玉辉. TMT 断裂带对创新绩效的影响研究 [J]. 科技管理研究, 2018 (17): 23-28.
⑥ 邓陶然. 高管团队断层与企业绩效的关系研究 [D]. 哈尔滨工业大学, 2019.
⑦ 胡胜男. 高管团队群体断裂带、高管持股与企业绩效 [D]. 江西财经大学, 2021.

业经营绩效存在抑制作用。

2. 高管团队断裂带对企业发展战略的影响

由于高管团队的成员是企业战略实施的重要内部影响者，国内外学者在高管团队断裂带对企业发展战略相关方面也做了相应的研究。例如，Post 和 Byron（2015）[①] 指出董事会团队的构成会影响企业发展战略，进而影响组织的战略成果，董事会团队是基于认知做出的决策，而团队的认知是团队成员的教育水平、智能背景、职能经验以及价值观念等整合的结果。Van Peteghem 等（2018）[②] 提出高管团队任务断裂带可以使高管团队有能力处理更加广泛的信息，各种各样的职能和国际经验为高管团队提供了一套通用的技能，使得他们不断学习不同的职能技巧与国际经验，更有效地利用高管团队成员获取信息与知识共享的机会，并综合这些知识促使企业做出正确的决策。Oehmichen 等（2019）[③] 指出有法律背景的高管会谨慎地提醒公司如何处理环境问题，有环境管理经验的高管更关心可能的机会，有技术背景的高管专注于产品技术和工艺，而有专业营销背景的高管则专注于产品和用户。基于知识属性形成的高管团队内部断裂带会使得高管团队看到更多探索和可利用的创业机会，提高了主动性水平。也就是说一个子组成员很可能积极地重视另一个基于知识属性的子组成员的观点，通过积极的交流学习，团队成员会获得与以往不同的知识与能力，从而获得对于一些特定创业计划的风险评估能力，这

① Post C, Byron K. Women on boards and firm financial performance: A meta-analysis [J]. Academy of Management Journal, 2015, 58 (5): 1546-1571.

② Van Peteghem M, Bruynseels L, Gaeremynck A. Beyond diversity: A tale of faultlines and frictions in the board of directors [J]. Accounting Review, 2018, 93 (2): 339-367.

③ Oehmichen J, Schrapp S, Wolff M. Who needs experts most? Board industry expertise and strategic change—A contingency perspective [J]. Strategic Management Journal, 2019, 38 (3).

会使得他们更加有安全感地倾向于选择一些相对冒险的战略。曹红军和肖国团（2016）[①] 从断裂带的视角出发，探究了高管团队断裂带在资源配置战略变动与绩效之间的作用，发现社会分类断裂带会弱化两者之间的关系，即企业发生战略变动时，社会分类断裂带会影响企业做出有利的决策，而任务断裂带会增强两者之间的关系，即企业在进行战略决策时，任务断裂带能够促进高管团队认知资源的充分利用，从而保证了战略决策的质量。陈梦媛（2016）[②] 研究了高管团队断裂带与企业战略决策间的关系，通过模型构建和实证分析研究发现，团队内部断裂带的形成会破坏团队成员间关于信息吸收的感应效度，从而不利于企业的战略决策。刘思琪（2018）[③] 指出了当今世界发展背景下企业发展战略决策的重要性，揭示了董事会断裂带对企业决策的影响机理，研究发现董事会断裂带对决策质量的影响程度为先升后降，即董事会断裂带强度过低或过高都会对决策质量产生不利影响。赵雪（2019）[④] 基于中国"圈子"文化的背景研究发现，高管团队成员往往会形成小团体，且一般选择维护小团体的利益，从而不能最优化地制定企业战略。王益民和王艺霖（2020）[⑤] 研究表明，在进行国际化战略决策时，基于知识属性形成的高管团队断裂带会抑制企业选择地理分散的战略决策。

---

① 曹红军，肖国团. 高管团队断层线对企业绩效的非线性影响——基于 CEO 权变管理的研究视角 [J]. 科技和产业，2016，16（1）：131-140.
② 陈梦媛. 高管团队断层与决策绩效的关系研究——一个理论模型与相关研究命题 [J]. 东岳论丛，2016，37（11）：107-112.
③ 刘思琪. 董事会断层与决策质量的关系及其影响机制研究 [D]. 南开大学，2018.
④ 赵雪. 基于核心企业的供应链融资及其风险研究 [D]. 河北经贸大学，2019.
⑤ 王益民，王艺霖. 双元战略与国际化绩效：企业能力的中介效应 [J]. 上海对外经贸大学学报，2020，27（5）：115-124.

3. 高管团队断裂带对企业创新能力的影响

随着资源竞争的加剧和科学技术的快速进步，越来越多的企业意识到创造力是一个重要的竞争优势。当今的企业必须高度重视和追求创新，高管团队也需要很大的创造力来面对日益复杂的决策环境。企业对创造力的强烈需求对高管团队提出了新的要求。企业高管团队的内部组成对于整个团队的创新领导以及对于创新活动的追求和顺利进行至关重要。Xie 等（2015）[1] 以 IT 企业为样本，研究发现高管团队断裂带能够对企业的创新能力产生正向积极影响，具体表现为高管团队断裂带越强，企业的创新表现越好。Baldassari 等（2018）[2] 研究发现，高管团队知识属性的多样化对于企业的创新发展具有积极影响，且主要显现在企业的研究专利方面。Li 和 Liu（2019）[3] 基于高管团队任期属性多样化视角，探究发现高管团队任期多样性越强，越有利于促进企业的研发投入，进而有利于企业的创新发展。同时高管团队教育属性多样化能够正向调节企业国际多元化战略与创新能力之间的关系。王成城等（2014）[4] 提出创新能力是企业占领新兴市场的关键要素，主要从社会认同理论和自我分类理论两方面出发，分析了高管团队断裂带与企业创新能力之间的关系，认为断裂带形成的子群体会对团队整体的知识与信息交流产生不利影响，从而弱

---

① Xie X Y, Wang W L, Qi Z J. The effects of TMT faultlines configuration on firms short term performance and innovation activities [J]. Journal of Management and Organization, 2015, 21 (5): 558-572.

② Baldassari A, Bolchini C, Miele A. A dynamic reliability management framework for heterogeneous multicore systems [C] //2017 IEEE International Symposium on Defect and Fault Tolerance in VLSI and Nanotechnology Systems (DFT). IEEE, 2018.

③ Li M, Liu C. Let's explore with a divided team! The effects of top management team demographic faultlines on technological exploration [J]. Journal of Management and Organization, 2019 (1).

④ 王成城，颜惠虹，王月玥. 高管团队断层对企业创新能力提升的影响和对策研究 [J]. 江苏科技信息，2014 (12): 47-48+51.

化企业的创新能力。林明等（2016）[①] 以我国电信行业混合所有制企业为样本，研究发现情感断裂带会对突破性创新产生负向影响。徐炜和雷冠华（2021）[②] 研究发现，基于任务属性形成的断裂带会对企业创新能力产生积极提升作用，且 CEO 在两者之间存在负向调节效应。高管团队作为战略规划以及协调实施决策的主要推动者，其对企业的资源配置有着直接的决定权。夏宁和王嘉茵（2020）[③] 基于创新投入的视角考察了任务相关型和社会分类型两种类型断裂产生的影响。他们以中国上市公司为研究样本，采用面板数据进行实证分析，研究发现，高管团队断裂带能够对企业的创新投入产生影响，具体表现为社会分类断裂带会抑制企业的创新投入，而任务相关断裂带会促进企业的创新投入。

三、企业风险承担的相关研究

（一）企业风险承担的测量

关于企业风险承担的测量方式，本书通过文献梳理发现，采用最多的三类衡量方式依次是业绩波动程度、财务决策指标和自

---

① 林明，戚海峰，李兴森．混合所有制企业高管团队断裂带对突破性创新绩效的影响：基于混合高管结构权力平衡的调节效应 [J]．预测，2016，35（4）：15-21.
② 徐炜，雷冠华．高管团队断裂带、CEO 权力距离与创新绩效 [J]．首都经济贸易大学学报，2021，23（4）：99-112.
③ 夏宁，王嘉茵．高管团队断层线对企业创新投入的影响研究 [J]．会计之友，2020（7）：63-69.

行构建的指标。

1. 业绩波动程度

业绩波动程度是采用较多的企业风险承担水平衡量方式，因为企业的风险承担行为具体表现在企业的高风险投资项目上，而风险投资必然会导致企业盈余或者股票产生波动性（Low，2009）①。学者多使用基于账面和基于市场的方法来解释企业的风险行为水平和市场感知的企业风险承担水平。基于账面的风险度量是由公司业绩波动性构建的，常见的有 ROA 波动率；基于市场的风险度量是由股票收益波动性来计算的，公司的股权风险一般用当年每日股票回报率的标准差来表示（Bartram et al.，2012）②。

2. 财务决策指标

企业的风险承担水平与企业的风险投资决策相关，因此也有学者从创新投入、企业并购金额以及经营方式等方面计算企业的风险承担水平。一般 R&D 越大代表企业创新投入越大，也可以表示企业有着越高的风险承担。这是因为创新投入一般都具有极大的不确定性，意味着企业需要具备一定的失败容忍度（Li and Tang，2010）③。还有学者从企业生存的视角衡量了企业风险承担水平，生存可能性越小，意味着企业需要承担的风险水平越高（Cain and Mckeon，2014）④。

---

① Low A. Managerial risk-taking behavior and equity-based compensation［J］. Journal of Financial Economics，2009，92（3）.

② Bartram S M，Brown B，Stulz R M. Why are U. S. stocks more volatile?［J］. Journal of Finance，2012，67（4）.

③ Li J，Tang Y. CEO hubris and firm risk taking in China：The moderating role of managerial discretion［J］. Academy of Management Journal，2010，53（1）：45-68.

④ Cain M D，Mckeon S B. CEO personal risk-taking and corporate policies［J］. Journal of Financial and Quantitative Analysis，2014（1）.

3. 自行构建的指标

部分学者借鉴财务预警研究的方法构建反映企业风险承担的指标，如 Altman's Z-score 和 Olson's O-score 等指数（Nakano and Nguyen，2012）[①]。

（二）企业风险承担的影响因素

承担风险对于一个企业的成长和持续发展至关重要，这需要企业愿意承担更多风险以创新和扩张。通过对相关文献的梳理，本书将企业风险承担的影响因素归纳为外部环境、企业层面和高管层面三个方面。

1. 外部环境方面

Acharya 和 Amihud（2011）[②] 发现，债权人权利的强度会反向影响公司的风险承担，即债权人权利越强，企业风险承担也就越低。债权人权益法律保护制度与企业风险承担水平呈显著负相关，但股东权益保护程度与企业风险承担水平呈显著正相关关系。Singh 等（2022）[③] 同样考察了债权人对企业风险承担的影响，指出债权人权利可以通过各种机制影响公司的风险承担。最明显的机制是通过破产法提供的某些权利，允许债权人清算违约公司的资产。这可能会限制违约公司的延续选择权，损害股东价值。为了降低违约清算的可能性，面临严格债权人权利的公司会限制自己投资于风险较高的项目，进而抑制企业风险承担水平。

[①] Nakano M，Nguyen P. Board size and corporate risk taking：Further evidence from Japan［J］. Corporate Governance：An International Review，2012，20（4）：369-387.

[②] Acharya V V，Amihud. Creditor rights and corporate risk-taking［J］. Journal of Financial Economics，2011（1）.

[③] Singh R，Chauhan Y，Jadiyappa N. Bankruptcy reform and corporate risk-taking：Evidence from a quasi-natural experiment［J］. Finance Research Letters，2022，47（6）.

也有相关学者研究发现，政策的不确定性最终会影响企业的风险承担水平，如 Bonaime 等（2018）[①] 研究发现，政策不确定性会对企业的并购活动产生消极影响，这是因为政策不确定性越强，企业的投资回报越存在极大的不确定性，因此企业更倾向于降低投资水平。肖翰（2018）[②] 的研究得出同样的结果，政策的不确定性会加大企业高管对于风险的判断，从而提升了其作出正确决策的难度，而 CEO 为了避免投资失败，往往会选择低风险的投资，避免波及自身的利益。此外，作者对产业政策支持行业与产业政策不支持行业分别做了探讨，研究发现，在前者行业背景下，企业的投资项目往往风险较低且回报值高，而在后者的行业背景下，企业将面临投资风险高、收益不确定性大的问题，但是随着政策不确定性的加强，会促使企业更加积极地承担风险。周涛（2021）[③] 的研究表明，董事会的规模在经济政策不确定性与企业风险承担之间存在负向调节效应，经济政策不确定性对企业风险承担的影响相较于国有企业，在非国有企业中的表现更为显著。尚洪涛和房丹（2021）[④] 研究了企业风险承担、政府补贴与企业创新三者之间的关系，发现政府补贴能够显著提升企业风险承担水平，且中介企业风险承担与企业创新的关系存在滞后效应。

① Bonaime A, Gulen H, Ion M. Does policy uncertainty affect mergers and acquisitions? [J]. Journal of Financial Economics, 2018, 129（3）.

② 肖翰. 产业政策、企业风险承担状态与企业价值 [D]. 中南财经政法大学, 2018.

③ 周涛. 经济政策不确定性与企业风险承担的关系研究 [J]. 华北金融, 2021（10）: 1-13+74.

④ 尚洪涛, 房丹. 政府补贴、风险承担与企业技术创新——以民营科技企业为例 [J]. 管理学刊, 2021, 34（6）: 45-62.

2. 企业层面

Narjess（2012）[①] 使用来自 57 个国家的 381 家新私有化企业的数据，深入分析了股东身份对企业冒险行为的影响，发现外国所有权与企业冒险行为呈负相关，外国所有者的高风险行为取决于国家一级治理机构的实力，政府对于企业控制权的放宽、对外国投资的开放以及国家一级治理机构的改善是新私有化企业承担风险的关键决定因素。Koerniadi 等（2014）[②] 研究表明股权制衡能够提升企业的风险承担水平，这是因为该股权结构能够在一定程度上规避企业高管在做出决策时只考虑自身利益的行为。行为理论认为管理者通过调整的期望企业回报来决定其冒险的程度，因此，企业风险决策受到目标回报和预期回报之间差异的影响。Aboody 等（2013）[③] 从期权激励的视角出发，研究发现期权激励能够正向促进企业高管的风险承担意向，当其基于期权的薪酬下降时，他们往往会选择调整经营杠杆，如选择用行政费用来代替固定成本，从而规避对自身收益的损害。周泽将等（2019）[④] 以民营企业为研究样本，从企业产权的视角分析了民营企业身份认同与企业风险承担之间的关系，结果表明民营企业的身份认同将会对企业的投资决策产生不利影响，从而对企业风险承担起到负向作用。景辉（2020）[⑤] 研究内部控制对于企业日常运转的重要

① Narjess B J. The impact of political connections on firms' operating performance and financing decisions [J]. Journal of Financial Research, 2012 (1).

② Koerniadi H, Krishnamurti C, Tourani-Rad A. Corporate governance and risk-taking in New Zealland [J]. Australian Journal of Management, 2014, 39 (2): 227–245.

③ Aboody D, Even-Tov O, Lehavy R. Firm-specific investor sentiment [J]. Social Science Electronic Publishing, 2013 (1).

④ 周泽将, 罗进辉, 李雪. 民营企业身份认同与风险承担水平 [J]. 管理世界, 2019, 35 (11): 193–208.

⑤ 景辉. 企业内部控制与风险承担相关性研究 [J]. 商场现代化, 2020 (23): 106–108.

性，认为企业内部制度能很好地规避企业高层的一些冒进行为，在一定程度上是对企业管理人员的这种不确定性行为的约束，内部控制水平越高越不利于企业做出风险决策，从而导致企业风险水平的降低。卢太平和王慧（2021）[1] 利用我国 2010~2019 年 A 股上市公司数据，系统考察了企业声誉与企业风险承担之间的关系，研究发现企业声誉与企业风险承担负向相关，两者之间的具体作用路径表明，企业声誉通过提升企业内部控制，达到抑制企业风险承担的效果，且这种关系在非国有企业和市场化程度较高的地区尤为明显。杜善重和马连福（2022）[2] 探究了连锁企业股东对企业风险承担的影响，认为连锁企业股东之间的交流合作会导致市场竞争度的下降，不利于企业捕捉有利的投资机会，导致企业风险承担水平的下降，且通过实证检验验证了他们的假设，即连锁股东对企业风险承担存在抑制效应。

3. 高管层面

有相关学者研究指出高管的个人特质，尤其是对风险的态度，与其早年的经历有关，如 Zajac 和 Westphal（1996）[3] 研究表明高管团队任期与企业创新投入呈负向关系，高管在位时间越长，其拥有的隐形权利就越大，在做出决策时，往往会首先考虑自己的利益，当企业面临一个价值回报高但是损害其利益的项目时，他们就会想方设法阻止企业的这项决策。Faccio 等（2016）[4]

---

① 卢太平，王慧. 企业声誉对风险承担的影响：抑制还是促进 [J]. 财会月刊，2021（19）：41-47.

② 杜善重，马连福. 连锁股东对企业风险承担的影响研究 [J]. 管理学报，2022，19（1）：27-35.

③ Zajac E, Westphal J. Director reputation, CEO-board power, and the dynamics of board interlocks [J]. Administrative Science Quarterly, 1996, 41 (3): 507-529.

④ Faccio M, Marchica M -T, Mura R. Large shareholder diversification and corporate risk-taking [J]. Review of Financial Studies, 2016 (1): 3601-3641.

探究了 CEO 性别与企业风险承担之间的关系，研究发现，当 CEO 为女性时，不利于企业做出风险性决策。Shue 和 Townsend（2017）[1] 考察了 CEO 学历与企业风险承担之间的关系，实证结果表明，学历水平越高的 CEO 越倾向于高风险投资，也就是说 CEO 学历对企业风险承担具有正向积极作用。Chen 等（2018）[2] 研究指出当首席执行官拥有足够的投票权来保护自己免受解雇和/或外部股东的挑战时，这种降低价值的风险选择更有可能发生。作为大股东的高层管理者比那些股权很少或没有股权的高层管理者更不容易因为业绩不佳而被解雇。然而 Romano 等（2019）[3] 却发现，CEO 的任期越长反而会促进企业风险承担，这是因为，CEO 在位时间越长越容易失去对其任职身份的关注度。Brisley 等（2021）[4] 研究指出 CEO 的信心反映了其对未来结果和风险承担的信念，过于自信的经理可能会努力工作，他们适合管理具有挑战性和风险性的投资。管理者过度自信解释了行为金融学的过度投资会导致更多的研发投入，从而带来更多的创新的观点。相比之下，由过度自信的管理者管理公司债务融资会导致过度冒险和公司价值下降。余鹏翼等（2020）[5] 以中国上市公司为研究样本，实证分析了 CEO 年龄与企业风险承担之间的关

① Shue K, Townsend R R. How do quasi-random option grants affect CEO risk-taking?[J]. Journal of Finance, 2017, 72（6）: 2551-2588.

② Chen Z, Ebrahim A, Taboada A G. Turnover threat and CEO risk-taking behavior in the banking industry [J]. SSRN Electronic Journal, 2018（1）.

③ Romano M, Cirillo A, Mussolino D. CEO career horizons & when to go public: The relationship between risk-taking, speed and CEO power [J]. Journal of Management and Governance, 2019, 23（1）: 139-163.

④ Brisley N, Cai J, Nguyen T. Required CEO stock ownership: Consequences for risk-taking and compensation [J]. Journal of Corporate Finance, 2021, 66（2）.

⑤ 余鹏翼，敖润楠，陈文婷. CEO 年龄、风险承担与并购 [J]. 经济理论与经济管理，2020（2）: 87-102.

系，研究发现两者关系呈倒 U 形，且并购绩效也存在相同的关系。黄郑也（2021）[①] 研究指出，在面临同一项决策时，女性高管相较于男性高管，其风险规避意识更强，实证分析发现，高管团队中女性高管占比越大越不利于企业的风险承担，且进一步研究表明，企业风险承担中介女性高管对企业创新投入的作用。陈冉（2020）[②] 基于董事会层面考察了董事会任期异质性与企业风险承担的关系，结果表明董事会任期异质性对企业风险承担起正向的促进作用，且这种正向作用在非国有企业中表现更加显著，如 R&D 更高、债务融资占比更大等。

（三）企业风险承担的经济后果

通过对相关文献的查阅发现，企业风险承担的经济后果主要表现在资本配置、创新绩效与企业价值等方面。

1. 资本配置

企业的风险承担行为具体体现在借入人量贷款或向项目分配大量资本等方面，从而依据这些可获得的投资机会产生巨额回报，在市场中的风险承担行为会使得企业进入不熟悉的市场、向结果不可预测的项目投入大量资本以及积极借贷，这些都会使得企业的资本配置发生变化。Farrell 和 Gallagher（2015）[③] 研究发现企业风险承担会对企业的融资方式造成影响，企业风险承担水平越高，往往越会选择债务融资，而债务融资的占比过大有可能

---

① 黄郑也. 女性董事、内部控制质量与财务风险 [D]. 扬州大学，2021.
② 陈冉. 董事会任期异质性与企业风险承担 [D]. 暨南大学，2020.
③ Farrell M, Gallagher R. The valuation implications of enterprise risk management maturity [J]. Journal of Risk and Insurance，2015（1）.

导致企业的资本结构处于不利状态。Roussanov 和 Savor（2015）[1] 基于管理者属性，如高管的性别、婚否等，对公司高管的风险偏好进行研究，结果表明，风险规避性越强的高管，越倾向于规避风险性决策，反之，越倾向于进行风险性决策的高管往往会选择风险高收益高的项目，而这种倾向会导致企业的过度投资。Faccio 等（2016）[2] 指出 CEO 为女性的企业往往更容易规避风险，进而表现在投资方面，使得企业的资本配置效率下降。余明桂等（2013）[3] 同样指出，企业风险水平会对企业资本配置效率产生积极影响，且风险承担有利于促进企业的创新投资，反之，这种创新投资具有的高风险性高回报性又可以促进企业的资本积累，提升企业的核心竞争力。

2. 创新绩效

在技术创新方面，Maladzhi 和 Yan（2015）[4] 指出，风险承担水平与企业的风险容忍度相关，风险承担水平越高表明企业越具备进行创新的氛围，会引导企业积极进行技术创新以及对 R&D 投资的加大。Billings 等（2018）[5] 研究表明，企业风险承担水平越高代表其具有越高的创新性和冒险精神来寻求战略机会，从而

---

① Roussanov N, Savor P. Marriage and managers' attitudes to risk［J］. Social Science Electronic Publishing, 2015, 60（10）：2496-2508.

② Faccio M, Marchica M - T, Mura R. Large shareholder diversification and corporate risk-taking ［J］. Review of Financial Studies, 2016（1）：3601-3641.

③ 余明桂，李文贵，潘红波. 管理者过度自信与企业风险承担［J］. 金融研究，2013（1）：149-163.

④ Maladzhi R W, Yan B. Effect of inspirational and motivational leadership on creativity & innovation in SMEs［D］. IEEE, 2015.

⑤ Billings B K, Moon J, Morton R M. Risk-taking incentives and returns on R&D investment ［J］. Social Science Electronic Publishing, 2018.

促进企业的创新成长。何邓娇和吕静宜（2018）[①] 指出创新是一种特殊行为，创新活动必然给企业带来一定的风险承担，然而企业的风险承担能力并非是没有边界的，因此，企业风险承担与企业创新之间是非线性关系；实证分析验证了其假设，即当企业风险水平较小时，可以促进企业创新，当企业风险承担水平超出界限后将会抑制企业创新。李健等（2021）[②] 研究指出，企业风险承担能够提升企业的 R&D 水平，且企业的风险承担水平对于企业发现投资机会，提升企业在行业的竞争度都有正向的积极作用。车菲等（2021）[③] 认为高水平的风险承担会促进高效率的创新，风险承担水平越高，其对投资机会的把握以及成功率就越高，从而促进企业的快速成长；而风险承担水平越高的企业往往会更加倾向于进行创新，持续性的创新需要企业具备更强的风险承担能力，从而获取发展的前瞻性。

3. 企业价值

在企业价值方面，Habib 等（2017）[④] 指出企业风险承担水平不应该是一成不变的，企业在不同的成长阶段需要的风险承担水平应该有所不同，如处于成长和成熟期的企业需要高水平的企业风险承担来选择一些投资性的高收益项目，而处于衰退期的企业则应该更多地考虑规避风险，这样才能避免资源的损耗和不可

---

① 何邓娇，吕静宜. 企业家过度自信、风险承担与创新绩效 [J]. 新会计，2018（10）：10-14.

② 李健，李宁宁，苑清敏. 高新技术产业绿色创新效率时空分异及影响因素研究 [J]. 中国科技论坛，2021（4）：92-101.

③ 车菲，蒋艳，王幸. 税收负担、风险承担与企业创新效率 [J]. 中国注册会计师，2021（12）：55-61.

④ Habib A, Hasan M M, Cahan S. Firm life cycle, corporate risk-taking and investor sentiment [J]. Accounting and Finance, 2017, 57 (2)：465-497.

挽救的企业危机。Fracassi 等（2016）[①] 认为企业可以从企业承担风险的活动中受益，高风险的投资决策往往会导致企业资源快速增长、更有效的资源配置以及公司价值的增加，从而为企业带来竞争优势。裴丽娅和王建中（2018）[②] 考察了风险承担和企业价值的关系，研究发现企业风险承担与企业价值存在正向效应关系。白彦杰（2019）[③] 认为企业的风险承担水平与其生命周期有关，市场周期的确能够对企业风险承担水平造成影响，且这种情况对于衰退期的企业更为明显，此外，风险承担对于企业价值也具有正向促进作用。严星和张毅（2022）[④] 以 2011～2017 年高能耗上市公司为研究对象，采用 Tobit 回归模型实证检验风险承担水平与环境绩效的关系，发现前者对后者具有抑制作用，且决定风险承担水平的最重要因素是行业竞争的激烈程度。高磊等（2020）[⑤] 从风险承担视角出发探究了多个大股东在公司治理中的重要作用，企业的风险承担水平越高往往表明企业更倾向高风险的项目，也更有可能获得较大的回报收益，从而促进企业价值最大化。

① Fracassi C, Petry S, Tate G. Does rating analyst subjectivity affect corporate debt pricing？［J］. Journal of Financial Economics，2016，120（3）：514-538.
② 裴丽娅，王建中. 企业生命周期、风险承担与企业价值［J］. 郑州航空工业管理学院学报，2018，36（4）：52-60.
③ 白彦杰. 市场周期、企业风险承担与企业价值［J］. 知识经济，2019（19）：110-112.
④ 严星，张毅. 企业风险承担水平对环境绩效影响研究——基于高能耗上市公司的实证检验［J/OL］. 生态经济：1-17［2022-03-05］.
⑤ 高磊，晓芳，王彦东. 多个大股东、风险承担与企业价值［J］. 南开管理评论，2020，23（5）：124-133.

四、研究述评

基于以上综述的内容，分别从以下三个方面进行评述：

第一，学术界并未就高管团队断裂带对企业的影响研究形成统一结论，这可能是由于学者们基于不同方法和不同属性背景下测量得到不同类型的断裂带，断裂带的衡量方法也处于不断完善的过程中。通过总结发现关于高管团队断裂带的测量方法常用的有两种，一种是FLS算法，另一种是Fau算法。FLS算法的度量方法仅适用于分类变量，而不适用于连续变量；Fau算法由于计算过程的复杂性，不适用于高管团队人数特别多的企业。关于高管团队断裂带对企业的影响研究方面，主要集中在企业的经营绩效、发展战略、创新能力三个方面。

第二，有关企业风险承担影响因素的大部分研究都侧重于外部宏观层面和企业层面对于企业风险承担的影响，尽管有部分研究从高管层面出发探究其对企业风险承担的影响，也仅仅是围绕高管的单一属性特征，忽略了高管团队成员的多重属性。对于企业风险承担的衡量和其经济后果的探究也未形成统一结论。首先，在企业风险承担的测量方面，学者们大多选用业绩波动程度、财务决策指标或者自行构建的指标（Olson's O-score）来进行企业风险承担的衡量。其次，有关企业风险承担的影响因素主要集中在外部环境方面、企业层面和个人层面。最后，有关企业风险承担的经济后果的研究，主要集中在企业的资本配置、创新绩效与企业价值三个方面。

第三，尽管国内外学者对于高管团队断裂带和企业风险承担的研究已经较为丰富，但鲜有学者研究具体类型的高管团队断裂带对企业风险承担的影响。另外，部分学者基于信息决策视角，认为高管团队任务属性断裂带能够带来丰富的信息资源，促进企业价值提升。已有研究也广泛肯定了风险承担对企业价值的积极影响。但很少有学者关注高管团队断裂带、企业风险承担水平和企业价值三者之间的关系，分析企业风险承担在高管团队断裂带和企业价值之间的中介作用，因此本书对此进行了相关研究。

第三章

理论基础与研究假设

理论基础是开展研究的基石，高层梯队理论、断裂带理论、社会认同理论、信息决策理论的发展为本书研究提供了坚实的理论基础。本章着重介绍这些理论，并结合学者们的研究提出本书的研究假设，为后文的实证分析提供理论基础。

一、理论基础与概念模型

（一）高层梯队理论

高层梯队理论一直是研究高管团队组成与企业战略决策关系的重要理论依据。想要探究组织基于何种背景做出决策，或者决策结果为何以这种形式呈现，就必须将组织决策的核心角色——

高层管理人员的见解和倾向纳入考虑之中。Hambrick（2007）[1]认为关注高层管理团队（TMT）的特征将比只关注个别高管（如CEO）更能解释组织的成果。高层领导是一项共享活动，需要高层管理团队所有成员的集体认知、能力和互动。高层管理团队成员的协作目标是制定组织的战略目标，并提供实施这些目标的领导能力。运作良好的高层管理团队有效地平衡了相关者的利益，专注于实现长期的组织目标（Boivie et al.，2016）[2]。组织的决策结果取决于或部分取决于高层管理团队的组成。

高层梯队理论包含了两个主要观点：一是高管团队的背景属性（如职业经历、性别、年龄等），作用于其价值观；二是特定的组织决策成果与拥有特定人口统计特征的高层管理团队相关联。第二个观点的核心是认为企业高管的背景、经验和价值观会影响这些企业关键决策者制定的重要战略决策。年龄、任期和职能经验等可观察到的特征，会成为决定高管决策的认知基础的影响指标，即具有不同背景属性的成员在认知上存在着一定的差异，导致企业决策和风险倾向有所不同，如拥有丰富技术专长的高层管理团队将倾向于对R&D进行大量投资。目前，越来越多的组织研究使用可观察的人口统计特征（如年龄、任期、经验）来探索这些特征与组织结果之间的关系。虽然高层梯队理论的价值在于为高管团队组成对企业结果的影响提供理论支持，但近期的研究提出，学者应该更密切地关注高管团队内部的子群体，而不是团队异质性，这样才能更充分地了解团队动力学（Cooper

---

① Hambrick D C. Upper echelons theory：An update ［J］. Academy of Management Review，2007（32）：334-343.

② Boivie S，Graffin S D，Gentry R. A trusted analyst's opinion is worth gold for a company's investors ［J］. LSE Business Review，2016（6）：1-3.

et al., 2014)①。

(二) 断裂带理论

断裂带理论考虑的不仅是单个属性，而是多属性的组成动态。通过这种方式，可以捕获当多个属性同时突出或同时对齐时的效应。团队内的社会类化（Social Categorizations）往往产生于多个属性之间的关联，这符合断裂带理论的观点（Lau and Murnighan，1998)②，而与假设每个属性的社会类化都是独立运作的高管团队异质性研究相反。断裂带理论通常认为，强烈的断裂带很可能会推动基于社会认同的子群体的形成，并因此在团队中引发功能失调的冲突（Bezrukova et al.，2012)③。然而，一些对断裂带的研究表明，并非所有类型的断裂带都会产生负面后果（Chung et al.，2015)④。当断裂带是建立在相关的属性（如性别）基础上时，这些属性与具有潜在冲突的社会文化价值观和信仰有关。基于社会身份的子群体的出现一般会对团队结果产生不利影响。然而，当基于任务相关的属性（如职能背景）形成断裂带时，这些断裂带反映了各种知识和专业技能属性的聚类与分化。因而，基于知识的子群体的出现有利于团队的学习和做出决策。

团队断裂带的一个独特特征是它们是动态的，在团队形成的

---

① Cooper D, Patel P C, Thatcher S M B. It depends: Environmental context and the effects of faultlines on top management team performance [J]. Organization Science, 2014, 25 (2): 633-652.

② Lau D C, Murnighan J K. Demographic diversity and faultlines: The compositional dynamics of organizational groups [J]. Academy of Management Review, 1998, 23 (2): 325-340.

③ Bezrukova K, Thatcher S M B, Jehn K A. The effects of alignments: Examining group faultlines, organizational cultures and performance [J]. Journal of Applied Psychology, 2012, 1: 77-92.

④ Chung Y, Liao H, Jackson S E. Cracking but not breaking: Joint effects of faultline strength and diversity climate on loyal behavior [J]. Academy of Management Journal, 2015, 58 (5): 1495-1515.

早期阶段，断裂带更可能基于人口统计因素形成，随着团队成员之间的互动变得越来越深入和频繁，由表面特征引起的团队断裂带变得越来越弱，深层次的个人特征，如价值观、个性、兴趣爱好等团队断裂带变得更占优势。当高管团队被断裂带划分，并且由于多个多样性属性的同时对齐而产生分裂，多样性属性很强时，会将高管团队分裂成影响其功能的竞争子群体（Li and Hambrick，2005）[①]。强断裂带源于属性之间的高度相关性，这些属性反映了多个差异的排列。这种排列使得实际分成子群体的可能性更大。或者换句话说，属性的相关性越高，出现的同质子群体越多，使得断裂带越强。断裂带是一种假设的结构，不一定与现实世界中的分组一致。此外，断裂带理论建立在社会认同理论和信息决策理论的基础上，这两个理论解释了为什么团队成员（或其他群体）之间的差异可能导致可感知的子群体分裂。

（三）社会认同理论

归属感是社会认同理论的核心要素（Turner，1985）[②]。团队中形成社会认同的成员会构成一个"有凝聚力"的派系群体，共享共同的文化、历史和价值观，并对团队有更强烈的认同感，这在没有形成社会认同成员的子群体中是不会发生的。因此，形成社会认同的子群体被认为是形成了内部高度凝聚力的子群体（Van Knippenberg and Schippers，2007）[③]。团队内创建的子群体，

---

① Li J, Hambrick D C. Factional groups: A new vantage on demographic faultlines, conflict, and disintegration in work teams [J]. Academy of Management Journal, 2005, 48 (5): 794-813.

② Turner J C. Social categorization and self-concept: A social cognitive theory of group behavior [M] //E. J. Lawler (eds) Advances in Group Process: Theory and Research, Greenwich, Connecticut: JAI Press, 1985: 77-121.

③ Van Knippenberg D, Schippers M C. Work group diversity [J]. Annual Review of Psychology, 2007 (58): 515-541.

容易对外部群体成员形成敌意和偏见，所谓的群体间偏见会导致对被视为群体外的评价不如群体内成员，对一些团队成员的不利评价可能导致负面结果，如冲突增加、凝聚力降低、信任度降低、知识交流减少，不喜欢外部群体成员从而倾向于在内部群体成员或亚组之间制造紧张和负面情感反应。当团队成员不认同整个团队时，他们更有可能不同意其他成员的意见，从而使团队内部的沟通更加困难。团队互动过程中的分歧和预期的不确定性会导致成员体验到负面情绪，如紧张和焦虑，或者表现出对他人的不友好。

依据社会认同理论，人们通常会将自己和他人分为不同的社会类别，社会分类又使得个人在社会环境中定位或定义自己，其本质是个体通过与他人比较来寻求最大程度的自我，这解释了人们如何根据不同的类别将自己和他人视为群体的一部分，反过来导致对内部群体和外部群体的看法不同（Tajfel and Turner, 1986）[①]。在使用显著的社会属性对自己进行分类后，个体倾向于将他们认为与自己最相似的人视为其群体的一部分。通过该过程，群体成员根据其可见的人口统计多样性属性（如种族、性别和年龄）快速对彼此进行分类（Hogg and Terry, 2000）[②]。当多个多样性属性将相似的组内成员（"我们"）与不同的组外成员（"他们"）区分开来时，就会出现断裂带，当断裂带很强时，就会在团队内产生分裂（Li and Hambrick, 2005）[③]。而断裂带理

① Tajfel H, Turner J C. The social identity theory of intergroup behavior［M］//S. Worchel and W. G. Austin（Eds.），Psychology of Intergroup Relations. Chicago：Nelson-Hall Publishers,1986.

② Hogg M A, Terry D J. Social identity and self-categorization processes in organizational contexts ［J］. Academy of Management Review, 2000, 25（1）：121-140.

③ Li J, Hambrick D C. Factional groups：A new vantage on demographic faultlines, conflict, and disintegration in work teams［J］. Academy of Management Journal, 2005, 48（5）：794-813.

论的核心假设是，多样性会促进自我分类过程和定型观念，导致负面结果，这是由于出现了亚组内部的团结，而不是亚组之间的分化（Van Knippenberg and Schippers，2007）①。这种情况尤其在内部团队成员的多种人口统计属性一致时出现，这可能会影响到组织的产出绩效。

（四）信息决策理论

信息决策理论认为团队分化形成的子群内部的交流会产生更多的创造性信息，促进更深层次的思考与创新（Chung and Jackson，2013）②。这是由于子群体间的属性多样化使得团队成员开发出更多的知识学习信息，在进行讨论时，通过团队成员将自身的观点反馈给小组，并在小组间进行观点的讨论与整合，保留更多的有关团队决策的观点信息。随着讨论的进一步发展，由于团队成员属性的差异化，团队成员会产生不同观点，而团队成员彼此间的观点、信息资源交换以及信息的再处理将有助于不同任务属性的小组间互相学习。信息决策最核心的要义就是基于团队的知识与能力，通过对信息的流通、加工、处理，整合出信息结果，并传递给决策者做出决策。相对于同质性较高的团队，团队成员属性的异质性越高，则越容易促进成员间的观点碰撞，整合团队信息资源，并依据组织环境做出更正确的决策（Thatcher et al.，2003）③。同质性较高的团队成员具有相似的属性，如相

---

① Van Knippenberg D, Schippers M C. Work group diversity [J]. Annual Review of Psychology, 2007 (58): 515–541.

② Chung Y, Jackson S B. The internal and external networks of knowledge-intensive teams: The role of task routineness [J]. Journal of Management, 2013, 39 (2): 442–468.

③ Thatcher S M B, Jehn K A, Zanutto E. Cracks in diversity research: The effects of diversity faultlines on conflict and performance [J]. Group Decision and Negotiation, 2003, 12 (3): 217–241.

似的年龄、相似的经历，他们在处理信息时往往会采取相似的做法，不能展示更多元化的观点，也就不能完全有效地进行资源整合，这样不利于团队决策的制定。

（五）概念模型

在基于相关学者研究的基础上，本书依据不同的属性特征将高管团队断裂带划分为关系属性断裂带和任务属性断裂带。根据高层梯队理论，高管团队的决策行为是高管团队的认知基础和价值观的体现，即高管团队的组成特质会反映在企业所采取的风险承担行为中，而投资风险决策往往最能体现企业风险承担行为。因此本书从企业的风险性投资视角研究了高管团队断裂带作用于企业风险承担的具体路径，且从多维角度来衡量企业的投资风险决策，所研究的缩尾风险投资决策包括创新、并购、专业化经营等方面。此外，高管团队的组成结构能在多大程度上体现则取决于高管团队在制定或执行战略过程中所处的环境，因此将环境情境因素引入模型，研究其在高管团队断裂带和企业风险承担中所起的调节作用。为进一步研究高管团队断裂带与企业风险承担的经济后果，本书探讨了企业风险承担在高管团队断裂带与企业价值间的中介效应，并将环境情境因素纳入企业风险承担的中介效应中，构建了有调节的中介效应模型。本书的概念模型如图 3-1 所示。

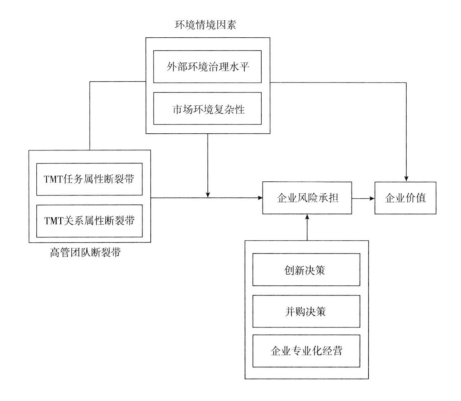

图 3-1   本书概念模型

二、研究假设

　　由前文理论基础可知，高管团队一般会依据团队成员的多种背景属性特征自行划分为若干子团队，背景属性特征相似的成员也会依据相似吸引凝聚为一个子群，同时团队成员积极寻找与自身社会分类特征相似的群体，并试图融入，积极性越强，子群体的凝聚力越强。换言之，子群体内部成员特征相似的吸引力越强，子群体之间的区分度越明显，形成的断裂带越强（林明等，2018）①。高管团队依据单个或多个属性划分为若干子群体，即依据不同属性特征将团队内部划分出了不同的界限等级，这种等级分化有时对团队决策有利，有时会使团队成员产生隔阂，不利于团队决策（Thatcher and Patel，2011）②。大多数学者对于团队断裂带对团队决策的影响尚未形成定论。

本书根据团队成员的属性特征，将高管团队断裂带分为两种类型，一种是依据性别和年龄属性形成的关系属性断裂带，另一种是依据学历、任期和职能背景属性形成的任务相关断裂带。两种类别的高管团队断裂带对企业风险承担作用的方向不同可能是学者们对团队断裂带与团队决策关系研究结论不统一的原因，因此有必要对高管团队断裂带进行分类研究。

（一）高管团队断裂带与企业风险承担

1. 高管团队关系属性断裂带与企业风险承担

基于社会身份认同理论（Tajfel and Turner，1986）③ 和自我分类理论（Turner et al.，1987）④，围绕社会文化人口统计属性形成的关系属性断裂带，作为潜在的分界线，不利于子群体之间

① 林明，戚海峰，鞠芳辉. 国企高管团队任务断裂带、混合股权结构与创新绩效［J］. 科研管理，2018（8）：26-30.

② Thatcher S M B, Patel P C. Demographic faultlines：A meta-analysis of the literature［J］. Journal of Applied Psychology，2011，96（6）：1119-1139.

③ Tajfel H, Turner J C. The social identity theory of intergroup behavior［M］//S. Worchel and W G. Austin（Eds），Psychology of Intergroup Relations. Chicago：Nelson-Hall Publishers,1986.

④ Turner J C, Hogg M A, Oakes P J. Rediscovering the social group：A self-categorization theory［M］. Oxford：Basil Blackwell，1987.

的关系（Chung and Jackson，2013）①。社会文化人口统计属性，如性别、年龄很容易由于基于视觉、口音或阶层的标记被注意到。社会文化差异往往与潜在冲突的社会价值观以及社会信仰有关（Ditomaso and Bian，2018）②。此外，基于社会文化属性的子群体成员具有相似的社会经验及显著的个体差异和过往经历。因此，基于社会文化属性（如性别、年龄）的断裂带强度可能会由于相似吸引（如男性）而增加基于身份的子群体内部的交流，而减少基于身份的子群体之间的交流（如男性与女性）。这种交流模式不仅会增加个体对自己子群体的认同，还会扩大个体与不同子群体成员之间的裂痕，增加子群体间关系冲突的可能性（Lau and Murnighan，1998）③。强的关系断裂带会减少子群体间的沟通，干扰高管团队内部的知识和信息共享，而弱的关系断裂带则不太可能造成这种干扰（Hutzschenreuter and Horstkotte，2013）④。

企业风险承担需要高管团队共同决策。当面临风险承担行为决策时，高管团队应该解决复杂的问题，这些问题往往需要包容多种观点，并愿意分享新想法；他们还应该深入研究各种选择和替代方案，并进行深入的讨论。然而，当高管团队有很强的关系断裂带时，跨子群体的沟通和知识共享可能会由于关系冲突而减少，导致决策质量下降，为了避免承担决策失败的责任，高管团

---

① Chung Y，Jackson S B. The internal and external networks of knowledge-intensive teams：The role of task routineness［J］. Journal of Management，2013，39（2）：442-468.

② Ditomaso N，Bian Y. The structure of labor markets in the US and China：Social capital & guanxi［J］. Management and Organization Review，2018，14（1）：5-36.

③ Lau D C，Murnighan J K. Demographic diversity and faultlines：The compositional dynamics of organizational groups［J］. Academy of Management Review，1998，23（2）：325-340.

④ Hutzschenreuter T，Horstkotte J. Performance effects of top management team demographic faultlines in the process of product diversification［J］. Strategic Management Journal，2013，34（6）：704-726.

队在最终决策上倾向于更加安全而有所妥协的决策。相反，当与
关系相关属性的断裂带强度较弱时，基于关系属性的分裂不显
著，这反过来降低了对风险承担行为决策进行沟通和知识共享产
生负面影响的可能性。

综上所述，关系属性断裂带是一种对高管团队风险决策产生
破坏性影响的断裂带，基于关系属性形成的断裂带有利于高管团
队子团队的创建，这会对团队的整体运作产生不利影响，基于高
管团队成员的关系属性形成的断裂带既不利于团队内信息的流
动，也不利于战略决策者——高管团队对于决策信息的处理，从
而导致高管团队倾向于选择稳妥安全的决策，以避免决策失败后
所要承担的责任风险，即高管团队内部存在的关系属性断裂带越
强，高管团队所愿意承担的风险水平越低。因此，提出如下
假设：

H1：高管团队关系属性断裂带对企业风险承担产生负向影
响。即高管团队关系属性断裂带强度越高，企业风险承担水平
越低。

2. 高管团队任务属性断裂带与企业风险承担

相比之下，基于信息处理观点（Gibson and Vermeulen，
2003）[1]，任务相关属性通常被认为是知识、技能和能力（KSAs）
的代表性指标。基于知识的子群体（如工程师）成员拥有相似的
专业背景，他们很可能是分享和支持彼此的观点和专业知识的同
事，而不是社会或文化依附（Chung and Jackson，2013）[2]。此

---

① Gibson C，Vermeulen F. A healthy divide：Subgroups as a stimulus for team learning behavior
[J]. Administrative Science Quarterly，2003，48（2）：202-239.

② Chung Y，Jackson S B. The internal and external networks of knowledge-intensive teams：The role
of task routineness [J]. Journal of Management，2013，39（2）：442-468.

外，基于知识的子群体成员认为，其他基于知识的子群体为团队提供了获取更多聚合知识的途径，基于知识的子群体可能会从具有不同专业知识的子群体中寻求信息。因此，基于知识的子群体不太可能经历关系冲突（John et al.，2008）①。相反，他们（如制造业背景）更有可能在各个子群体之间分享知识，而不仅仅是在自己的子群体内，这导致了有益的辩论，并增加了决策中的整体创造力。

与这一观点一致，与任务相关高管团队断裂带较弱的公司相比，具有较强任务相关高管团队断裂带的公司更具有风险承担水平。基于知识的子群体高管团队成员更有可能对不同的知识和专业知识持开放态度，并重视与自己知识基础不同的子群体成员的贡献。此外，在高管团队中，基于知识的子群体作为一个群组，建立了一个信任和舒适的环境，有利于彼此分享关键的知识、技能和能力。因此，任务相关型团队断裂带能够带来多元化的信息资源，有助于提高高管团队对风险的认知，加强高管团队承担风险的意识或能力，并作用于企业的投资决策中，进而影响企业的风险承担水平。

总体来说，高管团队任务属性断裂带是一条相对健康的断裂带，任务属性断裂带的形成往往意味着企业可以具有更广泛的认知资源。任务属性断裂带越强，高管团队处理风险的能力越强，越愿意承担风险。由此，提出如下假设：

H2：高管团队任务属性断裂带对企业风险承担产生正向影响。即高管团队任务属性断裂带强度越大，企业风险承担水平越高。

---

① John K, Litov L, Yeung B. Corporate governance and risk-taking [J]. Journal of Finance, 2008, 63 (4): 1679-1728.

（二）高管团队断裂带对企业风险承担的影响路径

企业风险承担行为投射到企业的往往是其投资风险决策。因此本书从企业的风险性投资视角深入研究高管团队断裂带作用于企业风险承担的路径机制。先前的研究表明，高管团队的构成尤其是其异质性，会影响企业的投资决策。例如，Bantel 和 Jackson（1989）[①] 认为异质的高管团队增强了决策的认知多样性，使得公司更具创新性，断裂带的提出是对高管团队多样性和异质性的进一步探究。基于此，本书深入研究了高管团队断裂带对企业风险投资决策的影响。此外，企业的风险性行为与营销、采购等企业日常经营活动不同。学术界将企业的风险投资行为主要集中在创新、并购、专业化经营三个方面，因此，本书探讨高管团队两种类型断裂带对企业风险承担具体影响路径主要是围绕这三个方面展开。

1. 高管团队断裂带与创新决策

创新对于企业意味着改变与进步，是其通过对于组织资源的重新分配与利用以谋求企业新的竞争点。发掘和实施创新是在市场经济中为企业提供竞争优势的手段之一（何邓娇和吕静宜，2018）[②]。从经济角度来看，企业的创新决策应该是有利的，并且从长远角度来看，应该能够降低成本，最大限度地提高企业的盈利能力。然而，创新活动必然需要企业消耗或投入一定的资源，创新活动的不确定性又会导致企业的创新决策存在一定的风险或

[①]　Bantel K A, Jackson S E. Top management and innovations in banking: Does the composition of the top team make a difference? [J]. Strategic Management Journal, 1989, 10 (S1): 107-124.

[②]　何邓娇，吕静宜. 企业家过度自信、风险承担与创新绩效 [J]. 新会计, 2018 (10): 10-14.

者失败概率，创新活动的开展需要企业具备对于这些不确定性或者失败概率的应对能力，即风险承担水平。

关系属性断裂带基于团队成员的关系属性形成。这些属性（年龄、性别）的一致可能会在高管团队中产生强大的高管团队关系属性断裂带，并决定内部同质子群的出现。当这种情况发生时，与属于另一个子群体的成员几乎没有共同之处的高管团队成员可以感受到一种独特感，正如他们自己的子群体的身份所提供的那样，并更多地认同它们各自的高管团队子群体，而不是整个高管团队。这种"群体内偏见"（Ndofor et al.，2015）[①] 将通过为小组而不是为整个高管团队工作来领导高管团队成员实现小组目标。一些人更倾向于发现和追求新的市场机会，另一些人则更被动（Thomas et al.，1993）[②]。在这种情况下，子群体之间的差异将会出现，并反过来阻碍追求新机会的倾向（Barkema and Shvyrkov，2007）[③]。在面对企业的创新决策时，关系属性断裂带造成的高管团队内部无效沟通会阻碍企业的创新决策，团队内部无法形成利益一致，为避免组内利益损失风险，不会将企业资源投入具有高风险的创新研发。此外，高管团队关系属性断裂带可能会导致群体冲突，分散高管团队成员的注意力，从而产生更多的团队内耗，不利于高管团队捕捉新兴的市场机会，做出创新决策。

任务属性断裂带是基于高管团队成员的任务属性形成的。有

---

① Ndofor H A, Sirmon D G, He X. Utilizing the firms resources: How TMT heterogeneity and resulting faultlines affect TMT tasks? [J]. Strategic Management Journal, 2015, 36 (11): 1656–1674.

② Thomas S, Bateman J, Crant M. The procative component of organizational behavior: A measure and Correlates [J]. Journal of Organizational Behavior, 1993 (1): 103–118.

③ Barkema H G, Shvyrkov O. Does top management team diversity promote or hamper foreign expansion? [J]. Strategic Management Journal, 2007, 28 (7): 663–680.

研究指出基于任务属性断裂带形成的子群更擅长推动创新和捕捉创新机会，在面对企业创新投入这样一项"可持续"的决策时，能够更加理性地达成共识，更愿意去承担企业风险，促进创新决策（Van Knippenberg et al.，2004）[①]。由于基于任务属性断裂带形成的子群体具有更大的风险承担能力，他们在执行创新活动时更有信心。首先，由任务属性断裂带划分的子群体可能对工作和谁应该负责有不同的看法。其次，属于同一功能区域的人更可能同意群体行动，因为他们可能有相同的兴趣和心理脚本。最后，学历在塑造他们的专业知识、技能和能力方面发挥着重要作用。同样，如果成员拥有相似的教育背景，他们很可能会形成一个拥有相同知识、技能和能力的子群体，从而相似地处理信息。基于这些属性而产生的断裂带促进信息的交换，有利于认知图式的重叠，从而有助于对事件的共同理解和解释。此外，强大的高管团队任务属性断裂带会促进高管团队看到更多探索和利用的创新机会，提高主动性。一个子群体的成员很可能积极地重视另一个基于知识的子群体成员的观点，他们可以获得独特的知识和能力来评估特定创新计划的风险（Chung and Jackson，2013）[②]，提升并采取更为迅速的方式行动。由此，提出如下假设：

H3：高管团队关系属性断裂带对企业创新决策产生负向影响。

H4：高管团队任务属性断裂带对企业创新决策产生正向影响。

---

① Van Knippenberg A D，De Dreu C K，Homan A C. Work group diversity and group performance：An integrative model and research agenda［J］. Journal of Applied Psychology，2004（89）：1008-1022.

② Chung Y，Jackson S B. The internal and external networks of knowledge-intensive teams：The role of task routineness［J］. Journal of Management，2013，39（2）：442-468.

2. 高管团队断裂带与并购决策

并购重组作为资本市场最具效率和活力的工具之一，是企业加速资源的合理配置、优化企业配置的重要手段。资源节约作为实现企业低成本扩张的重要手段，已经被越来越多的企业所采用（余鹏翼等，2020）[①]。然而企业的并购决策具有极大的不确定性，尤其是在信息时代，并购参与者很有能存在信息不对称的情况，这也是并购重组的失败率在现实中一直居高不下的原因。因此，当企业做出并购决策时，需要具有较强的风险承担能力或者风险承担倾向。

关系属性断裂带的存在会导致信息传递困难，即关系属性断裂带越强，信息交流难度越大。并购决策的风险性高且投资收益也高，因此，在作决策时，对于有关并购信息的要求较高，如果团队成员不能进行有效沟通或者使得并购信息无法在团队内形成高效流通，将损害子群体之间的信息共享和听取建设性意见的意愿，同时夸大了感知到的威胁，从而导致子群体之间不必要的竞争。那么这很有可能将企业置身于并购的不利地位，且基于关系断裂带形成的子群体间也会存在较为严重的情感和业务冲突，从而分裂高管团队，削弱团队的向心力，而并购决策是基于合作的基础上完成的，因此，基于关系属性形成的高管团队关系属性断裂带会抑制高管团队决策活力，安于现状并对存在的机遇视而不见，进而对企业的并购决策产生不利影响。

基于任务属性形成的高管团队断裂带，更有利于高管团队内部就知识与技能进行交流与共享。且高管团队任务属性的重新排列使得高管团队成员分享自身丰富独特的社会经验和团队经验，

---

① 余鹏翼，敖润楠，陈文婷. CEO 年龄、风险承担与并购［J］. 经济理论与经济管理，2020（2）：87-102.

从而产生多样化的观点，而基于这些观点的进一步探讨会产生更为合理优化的方案，在这个过程中也对信息进行了全方位探析。高管团队成员的经营能力，对于不同行业的认知经验以及并购经验，使得企业在复杂的市场环境中处于有利地位，可帮助企业在并购决策中准确定位，做出并购决策（Carton and Cummings，2012）[①]。换言之，高管团队任务属性断裂带会强化子群体间有关信息资源的分享，这会极大限度地规避企业并购决策过程中信息不对称的劣势，从而提升企业风险承担能力，促进企业更为积极地做出并购决策，优化资源配置。由此，提出如下假设：

H5：高管团队关系属性断裂带对企业并购决策产生负向影响。即高管团队关系属性断裂带强度越强，越不利于企业做出并购决策，表现为并购总额越低。

H6：高管团队任务属性断裂带对企业并购决策产生正向影响。即高管团队任务属性断裂带强度越强，企业越倾向于做出并购决策，表现为并购总额更高。

3. 高管团队断裂带与企业专业化经营

专业化经营是指企业选择专注于某个行业或者领域，集中企业资源并对其进行有效利用，致力于将其打造为某方面经营的领头羊，从而形成企业的核心竞争力，并与其他企业区别开来。其本质就是实现资源利用率的最大化，这需要企业决策制定者对商机具有敏锐的嗅觉，最大限度地使得人力、资金、技术等资源获得充分利用。这需要企业决策的制定者——高管团队对于企业的独特资源具有更深入的了解，且拥有更加全面的专业知识和高水平的协调能力。通过对相关文献的阅读，专业化经营通常被视为

---

① Carton A M, Cummings J N. A theory of subgroups in work teams [J]. Academy of Management Review, 2012, 37 (3): 441-470.

管理者偏好风险的表现形式（Ferris et al.，2017）①。

结合前文的分析，首先，关系属性断裂带可能导致子群体成员对组外成员表现出组间偏见和敌意。关于团队问题的不同意见和观点可能会被误解为批评，而不是中立的评论或建设性的评估（John and John，1993）②。这会增加团队内部的冲突，不利于子群体成员间的互动，造成信息闭塞，而专业化经营所需要的知识、信息也就无法整合为高管团队的认知资源。高管团队对于专业化经营的战略资源分配决策和规划也就不能实现有效商讨的论证，从而对专业化经营战略产生负面影响。其次，组织氛围来自组织成员对其工作环境的感知，而这种感知反过来会影响组织中个人的行为。高管团队成员的行为决策也会对企业实现资源利用率最大化产生不利影响。综上所述，关系属性断裂带强度越强的高管团队，越不利于高管团队为企业制定风险相对高的专业化经营战略。

任务属性断裂带强度越强的高管团队，其内部子组在思维和认知结构方面往往呈现更高的相似度，更有利于营造良好的组内氛围，同时，在心理安全氛围的环境下，子群体成员更愿意对其了解的领域知识进行深入的交流，为某项公司专长项目或者领域提供建设性建议（Barkema and Shvyrkov，2007）③。拥有相似的认知基础使得信息在组内实现高效传播与学习，促进成员间的合作，提升协作效率，从而有利于企业实现对某一领域的资源投入

① Ferris S P, Javakhadze D, Rajkovic T. CEO social capital, risk-taking and corporate policies [J]. Journal of Corporate Finance, 2017 (47): 46-71.

② John T A, John K. Top-management compensation and capital structure [J]. Journal of Finance, 1993 (48): 949-974.

③ Barkema H G, Shvyrkov O. Does top management team diversity promote or hamper foreign expansion? [J]. Strategic Management Journal, 2007, 28 (7): 663-680.

最优化，且高管团队的任务属性断裂带也增强了高管团队解决问题的能力，并帮助团队在复杂的环境中做出更全面的战略决策（Ferris et al.，2017）[1]。此外，高管团队任务属性断裂带会使得团队成员自发地支持共同的目标，当通过推动他人做同样的事情时，个人将与他人分享利益和信息，以增加其组织承诺，产生对回报的积极期望，这与企业专业化经营的资源利用率最大化相一致。高管团队任务属性断裂带使得子群体团队成员意识到其他成员的能力时，会产生一种确信自己能够实现团队目标的感觉（即团队效能）。子群体团队成员对其执行任务能力的信念可以触发团队集体行动的共同倾向，促使团队产生更高水平的积极群体影响，换言之，任务属性断裂带会使得高管团队对于实现专业化经营、企业资源利用最大化更有把握，并具有更优的风险承担与处理风险的能力（Ditomaso and Bian，2018）[2]。综上所述，任务属性断裂带强度越强的高管团队，越有利于高管团队为企业制定风险相对高的专业化经营战略。由此，提出如下假设：

H7：高管团队关系属性断裂带对企业专业化经营决策产生负向影响。即高管团队关系属性断裂带强度越强，越不利于企业进行专业化经营。

H8：高管团队任务属性断裂带对企业专业化经营决策产生正向影响。即高管团队任务属性断裂带强度越强，企业越倾向于进行专业化经营。

---

① Ferris S P, Javakhadze D, Rajkovic T. CEO social capital, risk‐taking and corporate policies [J]. Journal of Corporate Finance, 2017（47）：46-71.

② Ditomaso N, Bian Y. The structure of labor markets in the US and China：Social capital & guanxi [J]. Management and Organization Review, 2018, 14（1）：5-36.

（三）外部治理水平的调节效应

已有文献发现，高管团队之间的关系组成和战略决策取决于高管团队面临的环境的性质，这是因为高管团队充当了公司与其环境之间的中介（John and John，1993）[①]。因此，企业的外部治理水平可能在高管团队制定决策过程中起着一定的作用，外部治理水平在一定程度上可以促进企业的风险承担行为，Georgakakis 等（2017）[②] 就证实了此观点。首先，处于经济转型期的制造业企业，在考虑制度影响的情况下，重点考虑市场化程度的影响。市场化程度能够反映企业所处外部环境的经济发展水平、制度水平等，市场化程度高时，经济资源配置更多的是按照市场规则执行，在一定程度上，可以缓解企业信息不对称，促进企业做出风险投资决策。其次，完善的制度框架可以为企业提供开放公平的竞争环境，为企业扩大市场提供了可能。此外，独立机构投资者、分析师、外部审计也是企业外部治理的重要参与者，独立机构投资者更注重企业的长期投资收益，因此，对企业的高风险投资往往持支持态度。分析师不仅收集、处理和分析大量的公开信息，还收集和分析与公司会面时获得的非公开信息，从而有助于其产生关于这些公司的新信息。这种信息产生的作用作为一种间接的监督机制，增加了公司的透明度，使外部利益相关者能够进行适当的监督，这种监督有利于规避企业高管团队成员的利益最

---

① John T A, John K. Top-management compensation and capital structure ［J］. Journal of Finance, 1993（48）：949-974.

② Georgakakis D, Greve P, Ruigrok W. Top management team faultlines & firm performance：Examining the CEO-TMT interface ［J］. The Leadership Quarterly, 2017, 28（6）：741-758.

大化行为，促进企业的风险承担水平，Brauer 和 Wiersema (2018)[①] 研究指出被四大审计事务所监督的企业往往表现出更高的企业风险承担水平。

当外部治理水平较高时，高管团队任务属性断裂带更能显著地提升企业风险承担水平。而引发子群体间关系冲突的高管团队关系属性断裂带对企业风险承担水平的抑制作用会被削弱。由此，提出如下假设：

H9：外部治理水平负向调节高管团队关系属性断裂带对企业风险承担的负向影响。即外部治理水平较高时，高管团队关系属性断裂带对企业风险承担水平的负向影响会被削弱。

H10：外部治理水平正向调节高管团队任务属性断裂带对企业风险承担的正向影响。即外部治理水平较高时，高管团队任务属性断裂带能更显著地提升企业风险承担水平。

（四）环境复杂性的调节效应

行业环境的特点对企业风险决策起着重要的作用。市场环境复杂性是一个关键的情境因素，它能增强或削弱高管团队断裂带强度对企业风险承担的影响。市场复杂性反映了企业经营环境的竞争程度和异质性（Dess and Beard，1984）[②]。Hambrick 和 Finkelstein（1987）[③] 认为，一个行业的结构特征可能会影响高管

---

① Brauer M, Wiersema M. Analyzing analyst research: A review of past coverage and recommendations for future research [J]. Journal of Management, 2018, 44 (1): 218-248.

② Dess G G, Beard D W. Dimensions of organizational task environments [J]. Administrative Science Quarterly, 1984, 29 (1): 52-73.

③ Hambrick D C, Finkelstein S. Managerial discretion: A bridge between polar views of organizational outcomes [J]. Research in Organizational Behavior, 1987, 9 (4): 369-406.

团队的决策。随着行业集中度的降低（Keats and Hitt，1988）[①]和竞争对手的增加（Palmer and Wiseman，1999）[②]，市场复杂性可能会增加。对于关系属性断裂带，市场复杂性有助于减少源于强烈的关系断裂带的社会认同偏见，同时促进子群体之间的合作。复杂的市场环境将高管团队成员的注意力从"我们 vs 他们"的区别转移到"我们"，以实现确保企业生存并满足复杂环境需求的共同目标，市场复杂性下关系属性断裂带有关的子群体区别不显著（Rico et al.，2012）[③]。因而，可以削弱关系断裂带对企业风险承担的负面影响。

对于任务属性断裂带，在复杂的市场环境下，它对企业风险承担的积极影响将进一步加强。复杂的市场环境能促使高管团队成员形成积极选择风险决策的模式。由于复杂的市场环境要求企业的高管团队拥有更广泛的知识，以处理不断变化的情况（Gordon et al.，2000）[④]，因此要求具有更强的任务属性断裂带的高管团队要拥有进行风险承担所需的必要知识。另外，复杂的市场环境要求高层管理人员之间的任务相互依赖性增强（Lawrence and Lorsch，1967）[⑤]，这使企业拥有了可以利用基于知识的子群体之间的知识交换来获得风险决策的信息优势。相反，在相对简单的

---

① Keats B W，Hitt M A. A causal model of linkages among environmental dimensions，macro organizational characteristics，and performance [J]. Academy of Management Journal，1988，31（3）：570-598.

② Palmer T B，Wiseman R M. Decoupling risk taking from income stream uncertainty：A holistic model of risk [J]. Strategic Management Journal，1999，20（11）：1037-1062.

③ Rico R，Sánchez-Manzanares M，Antino M. Bridging team faultlines by combining task role assignment and goal structure strategies [J]. Journal of Applied Psychology，2012，97（2）：407-420.

④ Gordon S S，Stewart W H，Sweo R A. Convergence versus strategic reorientation：The antecedents of fastpaced organizational change [J]. Journal of Management，2000，26（5）：911-945.

⑤ Lawrence P R，Lorsch J W. Differentiation and integration in complex organizations [J]. Administrative Science Quarterly，1967，12（1）：1-47.

环境下，与任务相关的断裂带强度与企业风险承担之间的正向关系将被削弱。由此，提出如下假设：

H11：环境复杂性负向调节高管团队关系属性断裂带对企业风险承担的负向影响。即市场环境越复杂，高管团队关系属性断裂带对企业风险承担水平的负向影响越会削弱。

H12：环境复杂性正向调节高管团队任务属性断裂带对企业风险承担的正向影响。即市场环境越复杂，高管团队任务属性断裂带越能显著地提升企业风险承担水平。

第四章
研究设计

本章着重介绍主效应的模型设定及主要变量的指标构建，对实证检验高管团队断裂带与企业风险承担关系样本数据的选择及处理做出详细解释，通过对主要变量的描述性分析和相关性分析，初步判定各个变量间的关系，借助方差膨胀因子检验，验证独立变量间是否存在严重共线性问题，为后文进一步的实证研究作铺垫。

一、模型设定与变量说明

本书的主效应模型主要是围绕探究高管团队断裂带与企业风险承担的关系而构建的，具体实证模型如下所示：

$$Risktaking = \beta_0 + \beta_1 \times Fau + \beta_i \times Controls + \varepsilon \qquad (4-1)$$

1. 解释变量

第二章已经较为详细地梳理了目前学术界关于断裂带的测量

方法，由于其他方法的局限性，且考虑到现实中的上市公司高管团队人数一般不会超过 30 人，因此选择第二种断裂带的计算方法，即 Thatcher 等（2003）[①] 提出的 Fau 算子来计算两种类型的高管团队断裂带（关系属性断裂带和任务属性断裂带）。Fau 算法默认的是将团体划分为两个相对同质的子群体。本书的关系属性断裂带和任务属性断裂带分别计算的是基于多种关系属性特征（性别、年龄）和多种任务属性特征（受教育水平、任期、职能背景），由断裂带分割而成的子群体间差异在高管团队成员间的占比。关系属性和任务属性的特征定义如表 4-1 所示。

表 4-1　关系属性与任务属性特征的定义

类别	特征	英文缩写	定义
关系属性	性别	*Gender*	分别用 0 与 1 区分表示，男性为 1，否则为 0
	年龄	*Gage*	从高管出生之日起至统计观测截止的年数
任务属性	任期	*Gtenure*	团队成员担任高管职务的年限
	受教育水平	*Gedu*	高中及以下为 1，大专为 2，本科为 3，硕士为 4，博士为 5
	职能背景	*Gtle*	职能背景分为研发设计、生产制造、市场营销、财务金融、企业管理和法律六类，分别赋值为 1、2、3、4、5、6

按照 Thatcher 等（2003）的算法，假定团体划分为两个相对同质的子群体，当高管团队成员数量为 n 时，团队被分割的方式将会有 $S = 2^{n-1} - 1$ 个，Fau_g 总体方差被子群体特征变量方差的解释程度来表示，具体计算公式如下：

$$Fau_g = \frac{\sum_{j=1}^{p} \sum_{k=1}^{2} n_k^g (\bar{X}_{\cdot jk} - \bar{X}_{\cdot j \cdot})^2}{\sum_{j=1}^{p} \sum_{k=1}^{2} \sum_{i=1}^{n_k^g} (\bar{X}_{ijk} - \bar{X}_{\cdot j \cdot})^2} \quad (g = 1, 2, 3, \cdots, S) \quad (4\text{-}2)$$

① Thatcher S M B, Jehn K A, Zanutto E. Cracks in diversity research: The effects of diversity faultlines on conflict and performance [J]. Group Decision and Negotiation, 2003, 12 (3): 217-241.

式中，X_{ijk} 表示子团队 k 中的成员 i 在特征 j 上的平均值，n_k^g 表示团队在 g 这种划分方式下的 Fau 值，取最大的那个 Fau 值作为团队断裂带强度的测量值。Fau_g 是断裂带强弱的体现，Fau_g 的取值范围是 $0 \sim 1$，最小接近 0，最大接近 1，在二者之间变化，Fau_g 越接近 1，说明断裂带越强。由于计算过程复杂，本书采用 Rstudio 进行运行计算。

2. 被解释变量

企业风险承担水平（$Risk$）。从第二章有关企业风险承担衡量方式的梳理可以发现，国内外大多数学者通常采用业绩波动程度来衡量企业风险承担，这也是相关研究中采用最多的一种方法，其次是财务决策衡量指标，比如财务比率的变异系数（即总负债/总资产、库存天数、应收天数、毛利率、广告费用/销售额和 R&D 费用/销售额等），但是这些财务比率是公司经营决策的累积结果，因此更类似于选择（即管理风险），而不是结果（即组织风险），还有学者采用自行构建的企业风险承担指标来衡量，如 Olson's O-score 指数。

本书对于企业风险承担的研究基于管理者行为结果的回报可变性的风险度量，因此，借鉴相关学者的做法采用盈余波动性来衡量企业风险承担水平。以 $2008 \sim 2020$ 年为时间窗口，以每 3 年（$t \sim t+2$）作为一个观测时段，滚动计算经过行业调整的 Roa（Adj_Roa）的标准差（$Risk1$）以及经过调整的最大和最小资产回报率（Roa）值之间的差值（$Risk2$）。盈余波动性（标准差/极差）越大，企业风险承担越大，反之亦然。Roa 取息税前利润与年末总资产的比值，此外在计算之前剔除 Roa 异常值（$Roa > 4$ 或者 $Roa < 4$），并经过行业调整处理（减去年度行业均值），如公式（4-3）所示。又因为制造业属于行业大类，因此在计算过程中，通过软

件代码处理，将制造业行业代码细分至两位代码。具体计算如公式（4-4）、公式（4-5）所示。

$$Adj\_Roa_{i,t} = \frac{EBIT_{i,t}}{ASSET_{i,t}} - \frac{1}{X}\sum_{k=1}^{X}\frac{EBIT_{i,t}}{ASSET_{i,t}} \tag{4-3}$$

$$Risk1_{i,t} = \sqrt{\frac{1}{T-1}\sum_{t=1}^{T}\left(Adj\_Roa_{i,t} - \frac{1}{T}\sum_{t=1}^{T}Adj\_Roa_{i,t}\right)^2}\ \Big|\ T=3$$

$$\tag{4-4}$$

$$Risk2_{i,t} = \mathrm{Max}(Adj\_Roa_{i,t}) - \mathrm{Min}(Adj\_Roa_{i,t}) \tag{4-5}$$

3. 控制变量

通过对高管团队断裂带以及企业风险承担相关文献的研究，本章从高管层面和企业层面共设置了 10 个控制变量，即企业规模（SIZE）、企业年龄（AGE）、高管团队规模（TSIZE）、高管团队年龄（TAGE）、过去绩效（PAST）、公司人数（PET）、企业成长性（GROWTH）、资产负债率（DEBT）、资本性支出水平（CAP）、股权集中度（TOP1）。各个控制变量的衡量定义如表4-2 所示。

表 4-2　控制变量的衡量定义

控制变量	英文缩写	衡量定义
企业规模	SIZE	公司年末总资产账面价值的自然对数
企业年龄	AGE	公司从成立日至观察期的存续年限
高管团队规模	TSIZE	公司年末高管团队的总人数
高管团队年龄	TAGE	公司年末团队成员的平均年龄
过去绩效	PAST	公司年末营业收入的自然对数
公司人数	PET	公司期末员工总数的对数
企业成长性	GROWTH	企业销售收入增长率
资产负债率	DEBT	期末总负债与期末总资产的比值

控制变量	英文缩写	衡量定义
资本性支出水平	CAP	资本支出占期末总资产比值
股权集中度	TOP1	第一大股东持股比例

二、样本选择与数据来源

企业的风险承担行为往往存在于市场竞争环境较为激烈的行业中，且同一行业的样本才具有可比性，而制造业在所有大类行业中所具有的样本量最大，行业内的企业环境又具有一定的共性特征，故选取沪深 A 股制造业企业作为研究样本。参照 2012 年《上市公司行业分类指引》的代码划分要求，以 2008～2018 年为研究区间，从国泰安和 Wind 数据库中提取我国上市公司高管团队背景特征数据，以及测量其他变量所需的财务数据，存在缺失的数据均从企业财报中查找补齐。为保证研究结果的严谨性和有效性，在进行变量测量前，首先剔除了金融类企业及 ST 企业。其次剔除了高管团队成员属性信息缺失的样本，又由于 Fau 算法不适用于高管团队成员过多的企业，且团队人数不能少于 4 个，考虑到计算的复杂性，剔除高管团队成员人数多于 20 或者少于 4 的企业。最后因为本书对于企业风险承担水平的衡量方式采用的是盈余波动性，故将当年新上市的企业样本也进行了删除。由此得到由 748 家上市制造业企业构成的非平衡面板样本数据。

本书采用 Stata16.0 软件进行描述性分析和回归分析，并基于以上数据的处理步骤，通过代码和软件计算得到各个变量的观测值，在进行数据分析之前，首先对样本数据连续变量进行了双侧1%的水平缩尾处理，以减少异常值的影响。其次在模型中加入调节变量可能会导致多重共线性问题，因此，在进行调节效应检验之前，对自变量和调节变量都进行了中心化处理。此外，使用企业层面的聚类稳健标准误来确保估计的无偏性、一致性和有效性。

三、主要变量的描述性统计

表4-3是对主要变量的描述性统计分析，其中Fau1为高管团队关系属性断裂带强度，Fau2代表高管团队任务属性断裂带强度。通过描述性统计发现，Fau1的均值为0.721，中位数为0.716；Fau2的均值为0.633，中位数为0.602.无论是Fau1的中位数还是Fau2的中位数均低于平均值，可见中国大多数制造业企业高管团队断裂带强度都低于平均值。企业风险承担Risk1的均值为0.293，Risk2的均值为0.515。且通过观察发现Risk1和Risk2的最大最小值相差较大，最小值为千分位数字，说明制造业企业的企业风险承担水平整体偏低，且差距较大。在控制变量方面，样本企业的平均年龄为14.435年，最长成立年限为30年。高管团队人数规模的均值为6.690，高管成员的平均年龄约为46.361岁。

表4-3　主要变量的描述性统计

变量	均值	标准差	中位数	最小值	最大值
Risk1	0.293	1.044	0.021	0.002	7.167
Risk2	0.515	1.813	0.040	0.004	12.436
Fau1	0.721	0.130	0.716	0.462	0.985
Fau2	0.633	0.168	0.602	0.338	1.000
SIZE	9.504	0.471	9.442	8.642	10.971
AGE	14.435	5.844	14.000	3.000	30.000
TSIZE	6.690	2.148	6.000	4.000	15.000
TAGE	46.361	3.572	46.500	37.500	54.833
PAST	9.235	0.539	9.183	8.155	10.863
PET	3.373	0.465	3.335	2.322	4.759
GROWTH	0.191	0.458	0.091	−0.592	2.537
DEBT	0.381	0.194	0.368	0.035	0.846
CAP	0.061	0.050	0.047	0.002	0.238
TOP1	0.345	0.142	0.330	0.090	0.739

四、主要变量相关性分析

在进行模型回归之前，采用Pearson相关系数检验法对各个变量之间的统计学相关关系进行了分析检验，如表4-4和表4-5所示。从中大致可以看出主效应模型相关变量间的关系，Risk1和Risk2均与高管团队任务属性断裂带Fau2的相关系数为正值，且在5%的水平上显著为正，与高管团队关系属性断裂带Fau1的相关系数为负，且并不显著。在控制变量方面，Risk1与Risk2

表4-4 变量的相关性统计（Risk1）

变量	1	2	3	4	5	6	7	8	9	10	11	12	13	VIF
Risk1	1													1.020
Fau1	-0.021	1												1.190
Fau2	0.027**	0.174***	1											1.120
SIZE	0.1***	-0.104***	-0.089***	1										5.430
AGE	0.174***	-0.009	-0.040***	0.224***	1									1.190
TSIZE	-0.012	-0.361***	-0.287***	0.369***	0.011	1								1.480
TAGE	0.1***	0.005	-0.060***	0.258***	0.269***	0.143***	1							1.130
PAST	0.076***	-0.070***	-0.087***	0.882***	0.201***	0.323***	0.236***	1						5.810
PET	0.029***	-0.065***	-0.115***	0.780***	0.153***	0.351***	0.216***	0.797***	1					3.090
GROWTH	-0.005	-0.034***	-0.036***	0.009	0.014	-0.006	-0.014	-0.120***	-0.078***	1				1.110
DEBT	0.006	-0.001	-0.063***	0.451***	0.168***	0.158***	0.108***	0.446***	0.402***	0.007	1			1.280
CAP	-0.087***	-0.019	0.004	-0.061***	-0.234***	0.027	-0.105***	-0.073***	0.022*	-0.134***	-0.034***	1		1.110
TOP1	0.051***	0.012	0.073***	0.042***	-0.150***	-0.082***	-0.056***	0.095***	0.071***	0.007	-0.039***	0.070***	1	1.070

注：*、**、***分别表示10%、5%、1%统计意义上的显著。下同。

表4-5 变量的相关性统计（Risk2）

变量	1	2	3	4	5	6	7	8	9	10	11	12	13	VIF
Risk2	1.000													1.020
Fau1	-0.020	1.000												1.190
Fau2	0.027**	0.174***	1.000											1.120
SIZE	0.100***	-0.104***	-0.089***	1.000										5.430
AGE	0.175***	-0.009	-0.040***	0.224***	1.000									1.190
TSIZE	-0.012	-0.361***	-0.287***	0.369***	0.011	1.000								1.480
TAGE	0.1000***	0.005	-0.060***	0.258***	0.269***	0.143***	1.000							1.130
PAST	0.076***	-0.070***	-0.087***	0.882***	0.201***	0.323***	0.236***	1.000						5.810
PET	0.029***	-0.065***	-0.115***	0.780***	0.153***	0.351***	0.216***	0.797***	1.000					3.090
GROWTH	-0.005	-0.034**	-0.036***	0.009	0.014	-0.006	-0.014	-0.120***	-0.078***	1.000				1.110
DEBT	0.006	-0.001	-0.063***	0.451***	0.168***	0.158***	0.108***	0.446***	0.402***	0.007	1.000			1.280
CAP	-0.087***	-0.019	0.004	-0.061***	-0.234***	0.027	-0.105***	-0.073*	0.022*	-0.134***	-0.034**	1.000		1.110
TOP1	0.051***	0.012	0.073***	0.042***	-0.150***	-0.082***	-0.056***	0.095***	0.071**	0.007	-0.039***	0.070***	1.000	1.070

均与企业规模、企业年龄、团队年龄、过去绩效、公司人数、股权集中度的相关系数显著为正，而与资本性支出水平的相关系数显著为负。对主要变量相关系数的检验，可以大致判断各个变量间的关系。此外，方差膨胀因子（VIF）检验可以验证独立变量不存在严重共线问题。在表 4-4 和表 4-5 的最后一列中，VIF 值最大的变量为企业过去绩效，VIF 值为 5.810，小于 10，说明变量间不存在多重共线性问题。

第五章
============

实证分析

本章依据前文的研究设计，对高管团队断裂带与企业风险承担的关系进行实证分析，并在第三章研究假设的基础上进一步探究高管团队断裂带作用于企业风险承担的影响路径、外部治理水平的调节效应、环境复杂性的调节效应，并验证研究假设是否成立。

一、基本回归结果分析

在一定时间内，由于 *Fau* 指标的波动幅度较小（曹红军和肖国团，2016)[①]，不适合采用固定效应模型进行分析，因此本章选择随机效应模型进行实证分析。在表5-1中报告了样本选择模型的结果，假设1预测高管团队关系属性断裂带与 *Risk* 负相关。与

---

① 曹红军，肖国团. 高管团队断层线对企业绩效的非线性影响——基于CEO权变管理的研究视角［J］. 科技和产业，2016，16（1）：131-140.

假设 1 一致，表 5-1 中的第（1）列高管团队关系属性断裂带 $Fau1$（$\beta = -0.3003$，$p < 0.050$）和第（2）列的 $Fau1$（$\beta = -0.5213$，$p < 0.050$）分别与 $Risk1$ 和 $Risk2$ 均存在负向相关关系，从而验证了假设 1，表明高管团队关系属性断裂带对企业风险承担有负向抑制效应。假设 2 预测高管团队任务属性断裂带与 $Risk$ 正相关。同样与假设 2 一致，表 5-1 中的第（3）列高管团队任务属性断裂带 $Fau2$（$\beta = 0.2667$，$p < 0.001$）和第（4）列的 $Fau2$（$\beta = 0.4647$，$p < 0.001$）分别与 $Risk1$ 和 $Risk2$ 均存在正向相关关系，即验证了假设 2，表明高管团队任务属性断裂带对企业风险承担有正向促进效应。

表 5-1　高管团队断裂带与企业风险承担

变量	$Risk1$ （1）	$Risk2$ （2）	$Risk1$ （3）	$Risk2$ （4）
$Fau1$	-0.3003** (0.1436)	-0.5213** (0.2496)		
$Fau2$			0.2667*** (0.0959)	0.4647*** (0.1664)
$SIZE$	0.3507*** (0.0825)	0.6101*** (0.1433)	0.3457*** (0.0823)	0.6013*** (0.1430)
AGE	0.0468*** (0.0038)	0.0815*** (0.0066)	0.0471*** (0.0038)	0.0822*** (0.0066)
$TSIZE$	-0.0238** (0.0097)	-0.0416** (0.0168)	-0.0097 (0.0093)	-0.0171 (0.0162)
$TAGE$	0.0142*** (0.0051)	0.0246*** (0.0089)	0.0143*** (0.0051)	0.0247*** (0.0089)
$PAST$	0.2682*** (0.0787)	0.4662*** (0.1367)	0.2656*** (0.0781)	0.4618*** (0.1357)
PET	-0.4193*** (0.0729)	-0.7316*** (0.1267)	-0.4170*** (0.0732)	-0.7275*** (0.1271)

续表

变量	Risk1 (1)	Risk2 (2)	Risk1 (3)	Risk2 (4)
GROWTH	−0.0641**	−0.1118**	−0.0586*	−0.1023*
	(0.0313)	(0.0545)	(0.0318)	(0.0552)
DEBT	−0.2623***	−0.4444***	−0.2635***	−0.4465***
	(0.0849)	(0.1478)	(0.0852)	(0.1483)
CAP	−0.5246*	−0.9159*	−0.5251*	−0.9169*
	(0.3002)	(0.5216)	(0.2998)	(0.5208)
TOP1	−0.3752***	−0.6577***	−0.3772***	−0.6612***
	(0.1215)	(0.2113)	(0.1220)	(0.2122)
_cons	−4.7501***	−8.2506***	−5.1757***	−8.9904***
	(0.5304)	(0.9220)	(0.5281)	(0.9181)
Wald chi2	409.7180	411.8669	406.0211	408.1868
N	5259.0000	5259.0000	5259.0000	5259.0000
Overall R^2	0.045	0.045	0.045	0.045

注：回归结果经过公司层面 Cluster 调整。下同。

二、内生性检验

（一）Heckman 两阶段模型

为解决样本的自选择问题，参考耿新和王象路（2021）[①] 的研究方法，采用 Heckman 两阶段模型进行检验。在 Heckman 第一

---

① 耿新，王象路. 独立董事网络嵌入对企业多元化战略的影响研究——冗余资源和环境不确定性的调节作用 [J]. 研究与发展管理，2021，33（5）：108-121.

阶段的回归模型中，$Fau1$ 和 $Fau2$ 观测值大于样本中位数时取 1，否则取 0。1 代表 Fau 强度较大，0 则相反。据此设置虚拟变量 $Fau1—D$ 和 $Fau2—D$，并代入模型进行第一阶段的估计，然后将第一阶段计算的逆米尔斯比率代入第二阶段模型。表 5-2 的结果表明高管团队关系属性断裂带 $Fau1$（$\beta = -0.3031$，$p < 0.050$）（$\beta = -0.5266$，$p < 0.050$）和高管团队任务属性断裂带 $Fau2$（$\beta = 0.0870$，$p < 0.001$）（$\beta = 0.1517$，$p < 0.001$）的回归系数依然显著，说明本书关于 $Fau1$ 和 $Fau2$ 对企业风险承担的回归结果依然稳健。

表 5-2　Heckman 两阶段模型检验结果

变量	$Risk1$ （1）	$Risk2$ （2）	$Risk1$ （3）	$Risk2$ （4）
$Fau1$	-0.3031**	-0.5266**		
	(0.1434)	(0.2493)		
$Fau2$			0.0870***	0.1517***
			(0.0323)	(0.0560)
$SIZE$	0.3186*	0.5494*	0.3748	0.6566
	(0.1687)	(0.2932)	(0.2637)	(0.4579)
AGE	0.0461***	0.0804***	0.0465***	0.0810***
	(0.0047)	(0.0082)	(0.0048)	(0.0084)
$TSIZE$	-0.0428	-0.0774	-0.0270	-0.0497
	(0.0938)	(0.1628)	(0.1349)	(0.2343)
$TAGE$	0.0160	0.0281	0.0144**	0.0251**
	(0.0104)	(0.0181)	(0.0066)	(0.0114)
$PAST$	0.2864**	0.5008**	0.2621***	0.4549***
	(0.1201)	(0.2086)	(0.0911)	(0.1582)
PET	-0.4051***	-0.7048***	-0.4278***	-0.7470***
	(0.0936)	(0.1626)	(0.0829)	(0.1441)

续表

变量	Risk1 （1）	Risk2 （2）	Risk1 （3）	Risk2 （4）
GROWTH	−0.0667* （0.0363）	−0.1168* （0.0630）	−0.0725 （0.1232）	−0.1287 （0.2139）
DEBT	−0.2386 （0.1451）	−0.3998 （0.2522）	−0.2900 （0.2639）	−0.4974 （0.4586）
CAP	−0.5414* （0.3118）	−0.9474* （0.5417）	−0.4975 （0.3339）	−0.8655 （0.5803）
TOP1	−0.4010** （0.1804）	−0.7063** （0.3136）	−0.3572** （0.1610）	−0.6243** （0.2800）
IMR	0.1402 （0.6997）	0.2643 （1.2151）	0.1538 （1.3383）	0.2941 （2.3248）
_cons	−4.7231*** （0.5266）	−8.2001*** （0.9157）	−5.2802** （2.2873）	−9.2147** （3.9727）
Wald chi2	412.3486	414.3607	409.8021	411.8850
N	5259.0000	5259.0000	5259.0000	5259.0000
Overall R^2	0.0451	0.0453	0.0451	0.0454

（二）倾向得分匹配

为缓解可能存在的内生性问题，本部分进一步做了倾向得分匹配。首先，使用以断裂带强度是否超过行业年度75th分位为依据设置的哑变量对所有的控制变量进行回归。其次，在得到倾向得分的基础上，将 Fau 值超过行业年度75th分位和 Fau 值低于行业年度75th分位的样本进行1∶1无放回匹配。从表5-3列（1）和列（2）可以观察到高管团队关系属性断裂带匹配后的样本回归结果，其系数符号并未发生变化，且仍然在10%的水平下显著为负。同样，高管团队任务属性断裂带的系数符号也未发生变化，在1%的水平下显著为正，其他控制变量的系数符号方向同样未发生变化，结果与前文结论一致。

表 5-3 倾向得分匹配检验结果

变量	Risk1 (1)	Risk2 (2)	Risk1 (3)	Risk2 (4)
Fau1	-0.4190*	-0.7229*		
	(0.2282)	(0.3962)		
Fau2			0.3989***	0.6932***
			(0.1280)	(0.2222)
SIZE	0.2871**	0.5024**	0.2351**	0.4091**
	(0.1386)	(0.2402)	(0.1136)	(0.1972)
AGE	0.0501***	0.0870***	0.0361***	0.0629***
	(0.0066)	(0.0115)	(0.0044)	(0.0077)
TSIZE	-0.0219	-0.0381	-0.0039	-0.0067
	(0.0157)	(0.0273)	(0.0103)	(0.0180)
TAGE	0.0062	0.0107	0.0166**	0.0288**
	(0.0089)	(0.0155)	(0.0066)	(0.0115)
PAST	0.2530**	0.4389**	0.1316	0.2280
	(0.1290)	(0.2238)	(0.0942)	(0.1636)
PET	-0.2928***	-0.5109***	-0.2226***	-0.3888***
	(0.1026)	(0.1782)	(0.0825)	(0.1432)
GROWTH	-0.0953**	-0.1655**	-0.0044	-0.0092
	(0.0426)	(0.0739)	(0.0492)	(0.0855)
DEBT	-0.2117	-0.3649	-0.2874**	-0.4886**
	(0.1360)	(0.2363)	(0.1206)	(0.2103)
CAP	-0.8852**	-1.5366**	-0.3881	-0.6806
	(0.4352)	(0.7551)	(0.3571)	(0.6202)
TOP1	-0.0997	-0.1810	-0.3640**	-0.6353**
	(0.1854)	(0.3220)	(0.1604)	(0.2787)
_cons	-4.1141***	-7.1626***	-3.6435***	-6.3240***
	(0.8067)	(1.4008)	(0.6071)	(1.0561)

变量	Risk1 （1）	Risk2 （2）	Risk1 （3）	Risk2 （4）
Wald chi2	173.2582	174.0124	142.4751	143.2854
N	2534.0000	2534.0000	2592.0000	2592.0000
Overall R^2	0.0423	0.0425	0.0432	0.0433

（三）稳健性检验

为进一步检验结论的稳健性，本部分使用更换了被解释变量的方法，将企业风险承担水平的滚动计算区间由（t 年至 $t+2$）替换为（$t-2$ 年至 $t+2$），即由滚动三年替换为滚动五年计算，重复上文的回归。结果如表 5-4 所示，列（1）和列（2）Fau1 的系数仍然显著为负，列（3）和列（4）Fau2 的系数仍然显著为正。这表明稳健性检验的结果支持前文的检验。

表 5-4　稳健性检验结果

变量	Risk1 （1）	Risk2 （2）	Risk1 （3）	Risk2 （4）
Fau1	-0.2775** （0.1352）	-0.6203** （0.3038）		
Fau2			0.2543*** （0.0945）	0.5739*** （0.2120）
SIZE	0.2173*** （0.0761）	0.4907*** （0.1708）	0.2125*** （0.0759）	0.4797*** （0.1705）
AGE	0.0505*** （0.0039）	0.1138*** （0.0087）	0.0505*** （0.0039）	0.1137*** （0.0086）
TSIZE	-0.0184** （0.0090）	-0.0417** （0.0202）	-0.0051 （0.0087）	-0.0117 （0.0196）

续表

变量	Risk1 （1）	Risk2 （2）	Risk1 （3）	Risk2 （4）
TAGE	0. 0096 *	0. 0216 *	0. 0098 *	0. 0221 *
	（0. 0051）	（0. 0114）	（0. 0051）	（0. 0115）
PAST	0. 3318 ***	0. 7434 ***	0. 3267 ***	0. 7320 ***
	（0. 0767）	（0. 1722）	（0. 0760）	（0. 1706）
PET	−0. 4042 ***	−0. 9122 ***	−0. 4003 ***	−0. 9032 ***
	（0. 0744）	（0. 1671）	（0. 0745）	（0. 1672）
GROWTH	−0. 0580 **	−0. 1310 **	−0. 0530 *	−0. 1197 *
	（0. 0278）	（0. 0624）	（0. 0282）	（0. 0633）
DEBT	−0. 1741 **	−0. 3774 **	−0. 1753 **	−0. 3798 **
	（0. 0808）	（0. 1817）	（0. 0810）	（0. 1822）
CAP	−0. 3126	−0. 7223	−0. 3149	−0. 7274
	（0. 3060）	（0. 6875）	（0. 3059）	（0. 6873）
TOP1	−0. 3270 ***	−0. 7440 ***	−0. 3304 ***	−0. 7516 ***
	（0. 1232）	（0. 2767）	（0. 1239）	（0. 2782）
_cons	−4. 1158 ***	−9. 2377 ***	−4. 4982 ***	−10. 0950 ***
	（0. 5254）	（1. 1800）	（0. 5227）	（1. 1738）
Wald chi2	409. 2407	411. 8848	405. 2136	407. 8214
N	4733. 0000	4733. 0000	4733. 0000	4733. 0000
Overall R^2	0. 0389	0. 0392	0. 0389	0. 0393

三、影响路径分析

通过主效应分析可以发现关系属性断裂带和任务属性断裂带能够分别削弱和提升企业风险承担水平，但是两种类型断裂带作用于企业风险承担的路径还未有学者对此视角做探讨，因此本部分就 *Fau* 对 *Risk* 的影响路径做了进一步研究。在第三章的理论假设部分，参照相关学者的研究，认为企业的风险承担行为与其风险投资决策密切相关，并将其主要的风险投资决策归为三类，即创新决策、并购决策、专业化经营决策。其中创新决策用 R&D 强度来衡量；并购决策采用并购金额来衡量；专业化经营决策，从与其相对的多元化经营出发，采用熵测度法计算其多元化决策，如公式（5-1）所示，企业的多元化程度越高，代表专业化经营程度越低。具体衡量定义如表 5-5 所示。

$$Div = \sum_{i=1}^{n} P_i \times \ln\left(\frac{1}{P_i}\right) \tag{5-1}$$

其中，n 为营业收入占主营业务总收入前五的行业数，P 为第 t 行业营业收入占总收入的比值，*Div* 越高表明公司多元化程度越高。

表 5-5　路径变量的衡量定义

路径变量	英文缩写	衡量定义
创新决策	R&D	企业年度研发总支出与总销售额之间的比率
并购决策	LnM&A	企业年度并购金额总和的对数，并购金额越高，表明企业并购决策越激进
多元化经营决策	Div	采用熵测度法，如公式（5-1）所示

从表 5-6 影响路径的回归结果可以分析得到，假设 3 与假设 8 得到了验证。假设 3 预测高管团队关系属性断裂带与企业创新决策呈现负相关关系。与假设 3 相吻合，表 5-6 中的列（1）高管团队关系属性断裂带 *Fau*1（$\beta = -0.0059$，$p < 0.050$）与 R&D 存在负向关系，从而验证了假设 3，即高管团队关系属性断裂带

对企业创新决策起到了抑制作用。假设 8 预测高管团队任务属性断裂带与企业专业化经营正相关。同样与假设 8 一致，表 5-6 中的列（6）高管团队任务属性断裂带 $Fau2$（$\beta = -0.0568$，$p < 0.1$）与企业多元化决策存在负向关系，即验证了假设 8，高管团队任务属性断裂带对企业专业化经营起正向促进作用。换句话说，高管团队任务属性断裂带通过企业专业化经营决策，促进企业风险承担的路径是成立的，基于任务属性形成的高管团队断裂带使得高管团队拥有更加强大的信息整合能力和风险处理能力，因而企业更倾向于进行专业化经营。

表 5-6　影响路径分析

变量	R&D（1）	LnM&A（2）	Div（3）	R&D（4）	LnM&A（5）	Div（6）
Fau1	−0.0059 **	−0.7418	−0.0126			
	（0.0027）	（0.5160）	（0.0470）			
Fau2				0.0013	−0.5303	−0.0568 *
				（0.0020）	（0.3721）	（0.0342）
SIZE	0.0159 ***	2.4551 ***	0.1420 ***	0.0159 ***	2.5098 ***	0.1452 ***
	（0.0020）	（0.3420）	（0.0456）	（0.0020）	（0.3431）	（0.0455）
AGE	0.0013 ***	0.0704 ***	0.0065 ***	0.0013 ***	0.0710 ***	0.0066 ***
	（0.0001）	（0.0136）	（0.0023）	（0.0001）	（0.0135）	（0.0023）
TSIZE	0.0004 **	−0.0704 *	0.0008	0.0006 ***	−0.0660 *	−0.0005
	（0.0002）	（0.0382）	（0.0035）	（0.0002）	（0.0381）	（0.0035）
TAGE	0.0006 ***	0.0345 *	−0.0011	0.0006 ***	0.0325	−0.0014
	（0.0001）	（0.0202）	（0.0024）	（0.0001）	（0.0201）	（0.0024）
PAST	−0.0135 ***	−1.0096 ***	0.0117	−0.0135 ***	−1.0327 ***	0.0121
	（0.0017）	（0.3063）	（0.0298）	（0.0017）	（0.3081）	（0.0297）
PET	0.0036 **	−0.1909	−0.0770 **	0.0035 **	−0.2192	−0.0799 **
	（0.0017）	（0.2826）	（0.0341）	（0.0017）	（0.2804）	（0.0341）

续表

变量	R&D (1)	LnM&A (2)	Div (3)	R&D (4)	LnM&A (5)	Div (6)
GROWTH	0.0008	0.3222**	0.0400***	0.0009	0.3160**	0.0392***
	(0.0007)	(0.1255)	(0.0115)	(0.0007)	(0.1253)	(0.0115)
DEBT	-0.0147***	-0.4206	0.1367**	-0.0148***	-0.4547	0.1344**
	(0.0024)	(0.4017)	(0.0557)	(0.0024)	(0.4031)	(0.0557)
CAP	0.0003	-3.2041**	-0.0822	0.0003	-3.1702**	-0.0768
	(0.0064)	(1.2741)	(0.1021)	(0.0064)	(1.2726)	(0.1024)
*TOP*1	-0.0056	-4.4642***	-0.1015	-0.0055	-4.4277***	-0.1012
	(0.0036)	(0.5202)	(0.0875)	(0.0036)	(0.5185)	(0.0877)
_cons	-0.0446***	-9.4545***	-1.0000***	-0.0510***	-9.8138***	-0.9792***
	(0.0133)	(2.0783)	(0.3220)	(0.0131)	(2.0193)	(0.3208)
Wald chi2	708.6919	362.6090	93.2865	704.8781	358.3084	100.3816
N	5302.0000	5302.0000	5302.0000	5302.0000	5302.0000	5302.0000
Overall R²	0.0201	0.0405	0.0360	0.0190	0.0407	0.0343

四、外部治理水平的调节效应

通过前文的理论分析，结合何瑛等（2019）[1] 的研究，本部分从市场化程度、分析师关注度、审计事务所类型、独立机构投资者持股四个方面来计算企业外部治理水平的数值。其中，市场

---

[1] 何瑛，于文蕾，戴逸驰，王砚羽. 高管职业经历与企业创新 [J]. 管理世界，2019，35（11）：174−192.

化程度参考樊纲和王小鲁编制的《中国市场化指数》及《中国分省份市场化指数报告》计算得到。分析师关注度和审计事务所类型数据从国泰安数据库获得。通过前文所提的数据处理步骤，数值越大代表分析师关注度越强。审计事务所类型中，四大会计事务所是较为权威的审计机构，可以更加全面地为企业提供监督服务，完善其内部控制。独立机构投资者持股数据从 Wind 数据库获得①。首先，将这四个变量通过数据处理设置为虚拟变量（见表5-7）；其次，进行加总，最终获得本书的样本外部治理水平（ExGov）观测值。

表 5-7　外部治理水平虚拟变量设置

类别	英文缩写	衡量定义
市场化程度	Market	高于各年各行业中位数的样本取 1，否则取 0
分析师关注度	Analyst	高于各年各行业中位数的样本设置为 1，否则取 0
审计事务所类型	Big4	企业被四大会计师事务所审计，取 1，否则取 0
独立机构投资者持股	Independentins	比例高于各年各行业中位数的样本设置为 1，否则取 0

表5-8列（3）和列（4）报告了外部治理水平对高管团队任务属性断裂带与企业风险承担之间关系的影响。结果显示，$ExGov \times Fau2$ 系数（$\beta = 0.2250$，$p < 0.050$）（$\beta = 0.3916$，$p < 0.050$）都在5%的水平下显著为正，这意味着随着企业外部治理水平的提升，高管团队任务属性断裂带对企业风险承担的促进作用将加强，证实了假设10，即外部治理水平正向调节高管团队任务属性断裂带对企业风险承担的正向影响。这一结果也表明外部治理水平与高管团队任务属性断裂带对企业风险承担的促进作用存在明

---

① 本书将证券投资基金、社保基金和 QFII 视为独立机构投资者。

显的替代关系，即使企业外部治理水平相对较低，但如果存在较强高管团队任务属性断裂带的高管团队，那么仍能够促进企业的风险承担行为。从列（1）和列（2）可以看到，$Fua1$ 的系数（$\beta=-0.2963$，$p<0.050$）（$\beta=-0.5144$，$p<0.050$）仍然显著为负，但是 $ExGov \times Fau1$ 不具有显著性水平，表明外部治理水平在高管团队关系属性断裂带与企业风险承担之间不具有调节效应，假设 9 未通过验证，但 $ExGov \times Fau1$ 系数符号为正，说明外部治理水平削弱了高管团队关系属性断裂带对企业风险承担水平的负向影响。

表 5-8 外部企业治理、高管团队断裂带与企业风险承担水平

变量	$Risk1$ （1）	$Risk2$ （2）	$Risk1$ （3）	$Risk2$ （4）
$Fau1$	-0.2963** （0.1434）	-0.5144** （0.2493）		
$Fau2$			0.2745*** （0.0960）	0.4784*** （0.1666）
$ExGov$	0.0380* （0.0219）	0.0660* （0.0380）	0.0396* （0.0221）	0.0688* （0.0383）
$ExGov \times Fau1$	0.2236 （0.1634）	0.3901 （0.2836）		
$ExGov \times Fau2$			0.2250** （0.1066）	0.3916** （0.1849）
$SIZE$	0.3439*** （0.0822）	0.5983*** （0.1427）	0.3404*** （0.0818）	0.5922*** （0.1421）
AGE	0.0465*** （0.0038）	0.0810*** （0.0066）	0.0469*** （0.0038）	0.0817*** （0.0065）
$TSIZE$	-0.0237** （0.0096）	-0.0413** （0.0166）	-0.0099 （0.0093）	-0.0174 （0.0161）

变量	Risk1 （1）	Risk2 （2）	Risk1 （3）	Risk2 （4）
TAGE	0.0141***	0.0245***	0.0140***	0.0243***
	（0.0051）	（0.0088）	（0.0051）	（0.0089）
PAST	0.2661***	0.4626***	0.2622***	0.4560***
	（0.0786）	（0.1364）	（0.0776）	（0.1348）
PET	-0.4197***	-0.7322***	-0.4191***	-0.7312***
	（0.0726）	（0.1262）	（0.0728）	（0.1265）
GROWTH	-0.0643**	-0.1122**	-0.0582*	-0.1017*
	（0.0313）	（0.0544）	（0.0317）	（0.0550）
DEBT	-0.2474***	-0.4187***	-0.2510***	-0.4249***
	（0.0844）	（0.1469）	（0.0846）	（0.1472）
CAP	-0.5528*	-0.9649*	-0.5428*	-0.9476*
	（0.2988）	（0.5191）	（0.2986）	（0.5188）
TOP1	-0.3714***	-0.6512***	-0.3646***	-0.6392***
	（0.1210）	（0.2105）	（0.1213）	（0.2110）
_cons	-4.8802***	-8.4765***	-4.9101***	-8.5282***
	（0.5224）	（0.9082）	（0.5244）	（0.9116）
Wald chi2	424.4647	426.7998	421.1716	423.5587
N	5259.0000	5259.0000	5259.0000	5259.0000
Overall R^2	0.0463	0.0465	0.0465	0.0467

　　企业外部治理水平对高管团队任务属性断裂带与企业风险承担的调节效应如图5-1和图5-2所示。由图可以看出，当企业外部治理水平较高时，会增强高管团队任务属性断裂带对企业风险承担的正向影响。横轴表示高管团队任务属性断裂带，纵轴表示企业风险承担。在企业外部治理处于高水平的情况下，高管团队任务属性断裂带对于企业风险承担的影响强于在企业外部治理处于低水平的情况下，高管团队任务属性断裂带对于企业风险承担的影响。

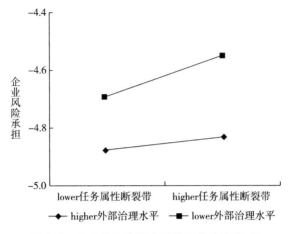

图 5-1　企业外部治理水平的调节效应 *Risk*1

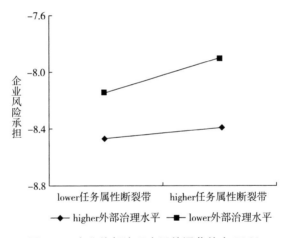

图 5-2　企业外部治理水平的调节效应 *Risk*2

五、环境复杂性的调节效应

　　行业集中度常被用来衡量市场环境复杂性，企业各行业主营业务收入比例平方和可用来衡量环境复杂性，公式如下：

$$\sum_{j=1}^{n} \left(X_{itj}/Y_{it} \right)^2 \qquad (5-2)$$

其中，i 代表企业，j 代表行业，t 代表年份，此结果数值越小，说明市场环境的复杂性越大。为了后续实证分析系数的直观性，通过公式得到的数值做了乘以-1 的处理，市场环境复杂度水平（Complexity）越大，则说明环境复杂性越强。

如表 5-9 的列（3）和列（4）报告了市场环境复杂性对高管团队任务属性断裂带与环境复杂性之间关系的影响。结果显示，$Complexity \times Fau2$ 系数（$\beta = 2.0977$，$p < 0.1$）（$\beta = 3.6728$，$p < 0.1$）在 10% 的水平下显著为正，这意味着随着环境复杂性水平的提升，高管团队任务属性断裂带对企业风险承担的促进作用将加强，假设 12 得到证实。

表 5-9 市场复杂度、高管团队断裂带与企业风险承担水平

变量	Risk (1)	Risk2 (2)	Risk1 (3)	Risk2 (4)
Fau1	-0.2091	-0.3615		
	(0.1795)	(0.3123)		
Fau2			0.4298***	0.7506***
			(0.1500)	(0.2603)
Complexity	0.2650	0.4560	-0.2188	-0.3900
	(0.8002)	(1.3916)	(0.6597)	(1.1454)
Complexity×Fau1	1.1226	1.9667		
	(1.1685)	(2.0321)		
Complexity×Fau2			2.0977*	3.6728*
			(1.0890)	(1.8908)
SIZE	0.3102***	0.5395***	0.3056***	0.5314***
	(0.0832)	(0.1445)	(0.0830)	(0.1441)

续表

变量	Risk (1)	Risk2 (2)	Risk1 (3)	Risk2 (4)
AGE	0.0458***	0.0798***	0.0461***	0.0804***
	(0.0037)	(0.0065)	(0.0037)	(0.0065)
TSIZE	-0.0242**	-0.0422**	-0.0103	-0.0181
	(0.0096)	(0.0167)	(0.0093)	(0.0161)
TAGE	0.0132***	0.0228***	0.0133***	0.0230***
	(0.0051)	(0.0089)	(0.0051)	(0.0089)
PAST	0.2991***	0.5201***	0.2968***	0.5161***
	(0.0784)	(0.1361)	(0.0779)	(0.1352)
PET	-0.4111***	-0.7173***	-0.4075***	-0.7109***
	(0.0725)	(0.1260)	(0.0727)	(0.1263)
GROWTH	-0.0649**	-0.1133**	-0.0598*	-0.1044*
	(0.0315)	(0.0548)	(0.0319)	(0.0554)
DEBT	-0.2487***	-0.4208***	-0.2525***	-0.4274***
	(0.0850)	(0.1480)	(0.0855)	(0.1487)
CAP	-0.4607	-0.8046	-0.4577	-0.7995
	(0.2998)	(0.5209)	(0.2985)	(0.5185)
TOP1	-0.3561***	-0.6243***	-0.3580***	-0.6276***
	(0.1206)	(0.2098)	(0.1210)	(0.2104)
_cons	-4.6022***	-7.9930***	-5.0723***	-8.8107***
	(0.5360)	(0.9318)	(0.5341)	(0.9285)
Wald chi2	421.7487	423.9768	417.8461	420.1044
N	5259.0000	5259.0000	5259.0000	5259.0000
Overall R^2	0.0475	0.0477	0.0473	0.0475

市场复杂度对高管团队任务属性断裂带与企业风险承担的调节效应如图5-3和图5-4所示。由图可以看出，当市场复杂度较高时，会增强高管团队任务属性断裂带对企业风险承担的正向影响。

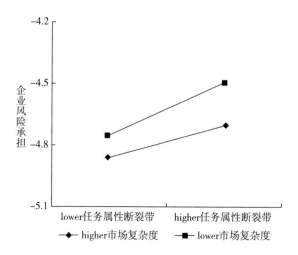

图 5-3　环境复杂性的调节效应 **Risk1**

　　横轴表示高管团队任务属性断裂带，纵轴表示企业风险承担。在企业市场复杂度处于高水平的情况下，高管团队任务属性断裂带对于企业风险承担的影响强于在企业市场复杂度处于低水平的情况下，高管团队任务属性断裂带对于企业风险承担的影响。

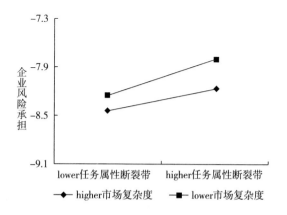

图 5-4　环境复杂性的调节效应 **Risk2**

第六章

进一步研究

　　结合"理论背景—影响效应—影响路径—经济后果"的逻辑思路,本章进一步探究高管团队断裂带与企业风险承担的经济后果,分析企业风险承担在高管团队断裂带与企业价值间的中介效应。并将环境情境因素考虑进企业风险承担的中介效应中,实证检验有调节的中介效应模型。

一、高管团队断裂带与企业价值

　　通过前文的分析,高管团队关系属性断裂带是一条具有破坏性的断裂带,基于关系属性形成的断裂带会加大子群间的割裂,所产生的团队内部偏见可能会导致人际吸引力的降低和群体凝聚力水平的下降,且群体内的偏见可能导致对来自不同成员的信息的"封闭"思维,影响决策信息在团体内的传递与交流,并对企业价值造成不利影响。而基于任务属性形成的断裂带,会使得团

118

队成员暴露和识别不同的认知信息，促使所有团队成员进行更多样的信息交互。整个组可以更容易地作为一个单元采取行动，团队成员将在彼此之间找到共同点，使他们能够作为一个团队处理和交流各种认知信息，提升信息处理和资源整合的质量，进而对提升企业价值产生积极影响。信息决策理论认为，面对需要在多元思维中解决冲突的想法，团队成员倾向于在对任务相关信息的阐述中寻求更具创造性的解决方案。Cooper 等（2014）[①] 的研究也指出，高管团队任务属性断裂带对企业价值具有积极的促进作用。此外，周建和李小青（2012）[②] 对我国高新技术上市企业进行研究，指出董事会的任务属性断裂带可以使董事会子群间站在不同的视角看待企业面临的决策，并冲破思维桎梏，提升董事会成员参与解决问题的积极性，并进一步推动企业战略决策的制定与实施。由此，提出如下假设：

H13：高管团队关系属性断裂带对企业价值产生负向影响。

H14：高管团队任务属性断裂带对企业价值产生正向影响。

本书采用托宾 Q 值衡量企业价值，考虑到高管团队断裂带对企业价值的滞后效应，所以选取 t+2 至 t+3 期的 TobinQ 进行检验（分别用 Qt+2 和 Qt+3 表示）。如表 6-1 中列（3）和列（4）显示，Fau2 对 Qt+2 和 Qt+3 的回归系数为正（$\beta=0.2608$，$p<0.1$）（$\beta=0.3942$，$p<0.1$），且分别在 10% 和 5% 的水平下显著。这表明高管团队任务属性断裂带对企业价值具有正向影响。通过观察可以发现，列（4）中 Fau2 的系数值 0.3942 大于列（3）中

① Cooper D，Patel P C，Thatcher S M B. It depends：Environmental context and the effects of faultlines on top management team performance ［J］. Organization Science，2014，25（2）：633-652.
② 周建，李小青. 董事会认知异质性对企业创新战略影响的实证研究 ［J］. 管理科学，2012，25（6）：1-12.

Fau2 的系数值 0.2608，说明随着时间的推移，高管团队任务属性断裂带强度对企业价值的影响将会进一步加大，验证了假设 14。

表 6-1 高管团队断裂带与企业价值关系

变量	Qt+2 （1）	Qt+3 （2）	Qt+2 （3）	Qt+3 （4）
Fau1	−0.0430 （0.1863）	−0.0728 （0.1965）		
Fau2			0.2608* （0.1383）	0.3942** （0.1578）
SIZE	0.3007* （0.1636）	0.1362 （0.1522）	0.2825* （0.1638）	0.1098 （0.1528）
AGE	0.0565*** （0.0057）	0.0543*** （0.0064）	0.0560*** （0.0057）	0.0534*** （0.0064）
TSIZE	−0.0130 （0.0133）	−0.0016 （0.0139）	−0.0055 （0.0127）	0.0094 （0.0132）
TAGE	0.0267*** （0.0080）	0.0307*** （0.0078）	0.0270*** （0.0080）	0.0308*** （0.0077）
PAST	−0.4115*** （0.1503）	−0.1300 （0.1242）	−0.4068*** （0.1499）	−0.1272 （0.1240）
PET	−0.2248** （0.1038）	−0.2645** （0.1169）	−0.2184** （0.1038）	−0.2521** （0.1170）
GROWTH	0.0221 （0.0491）	−0.0080 （0.0526）	0.0272 （0.0492）	−0.0008 （0.0526）
DEBT	−0.6629*** （0.1806）	−0.6326*** （0.1874）	−0.6536*** （0.1805）	−0.6229*** （0.1881）
CAP	−0.4304 （0.4556）	−0.1163 （0.5679）	−0.4298 （0.4554）	−0.0938 （0.5699）
TOP1	−0.7182*** （0.2203）	−0.3960 （0.2448）	−0.7296*** （0.2197）	−0.4091* （0.2438）

续表

变量	Qt+2 （1）	Qt+3 （2）	Qt+2 （3）	Qt+3 （4）
_ cons	2. 3317 ***	1. 0157	2. 1925 ***	0. 8310
	（0. 8312）	（0. 8884）	（0. 8050）	（0. 8550）
Wald chi2	189. 9711	141. 0777	191. 8909	146. 6059
N	3938. 0000	3314. 0000	3938. 0000	3314. 0000
Overall R^2	0. 0994	0. 0734	0. 1017	0. 0776

注：＊、＊＊、＊＊＊分别表示 10%、5%、1%统计意义上的显著，回归结果经过公司层面 Cluster 调整。余同。

二、企业风险承担与企业价值

任何企业在其日常经营运转的过程中都不可避免地要承受一定的风险，风险偏好是企业成功的基本要素。行为理论假设管理者通过确定目标来实现公司回报。决策者的目标回报和预期回报之间的差距会影响商业风险决策。当业绩目标超过预期收益率时，企业会承担更多的风险从而更容易达到目标。有相关研究表明，目标和预期回报之间的差距越大，企业通过承担风险实现企业价值目标的机会就越大（李小青和周建，2015）[①]。从宏观视角切入分析，企业的风险承担水平越高，意味着其资源投入越多，取得高收益的可能性也越大，其在短时间内实现资本积累的可能性会随之增加，企业价值的增速在一定程度上依赖于高风险的投

---

① 李小青，周建. 董事会群体断裂带对企业战略绩效的影响研究——董事长职能背景和董事会持股比例的调节作用 [J]. 外国经济与管理，2015 (11)：3-1.

资。从微观视角切入分析，企业积极承担风险的目的就是创新产品和服务，从而加强生存竞争力并提高企业价值。因此，企业风险承担能够促进企业价值的提升。由此，提出如下假设：

H15：企业风险承担对企业价值产生正向影响。

表6-2的结果显示，$Risk1$ 与 $Qt+2$ 和 $Qt+3$ 的相关系数（$\beta=0.0787$，$p<0.001$）（$\beta=0.2620$，$p<0.001$）均显著为正，$Risk2$ 也同样（$\beta=0.0455$，$p<0.001$）（$\beta=0.0455$，$p<0.001$）。这说明企业风险承担水平对企业价值存在积极效应。验证了假设15。

表6-2　企业风险承担与企业价值

变量	Qt+2（1）	Qt+3（2）	Qt+2（3）	Qt+3（4）
Risk1	0.0787***	0.2620***		
	(0.0163)	(0.0208)		
Risk2			0.0455***	0.0455***
			(0.0094)	(0.0120)
SIZE	0.2924*	0.0423	0.2922*	0.0419
	(0.1637)	(0.1505)	(0.1637)	(0.1505)
AGE	0.0510***	0.0376***	0.0510***	0.0375***
	(0.0057)	(0.0064)	(0.0057)	(0.0064)
TSIZE	-0.0094	0.0072	-0.0094	0.0073
	(0.0121)	(0.0120)	(0.0121)	(0.0120)
TAGE	0.0253***	0.0250***	0.0253***	0.0250***
	(0.0080)	(0.0077)	(0.0080)	(0.0077)
PAST	-0.4585***	-0.2729**	-0.4586***	-0.2734**
	(0.1500)	(0.1250)	(0.1500)	(0.1250)
PET	-0.1973*	-0.1064	-0.1970*	-0.1053
	(0.1039)	(0.1202)	(0.1039)	(0.1202)
GROWTH	0.0386	0.0176	0.0387	0.0177
	(0.0499)	(0.0519)	(0.0498)	(0.0519)

续表

变量	Qt+2 （1）	Qt+3 （2）	Qt+2 （3）	Qt+3 （4）
DEBT	−0.6377***	−0.4833***	−0.6383***	−0.4853***
	(0.1802)	(0.1850)	(0.1802)	(0.1849)
CAP	−0.4270	0.0101	−0.4267	0.0113
	(0.4503)	(0.5526)	(0.4503)	(0.5528)
TOP1	−0.6997***	−0.3186	−0.6991***	−0.3168
	(0.2185)	(0.2411)	(0.2185)	(0.2411)
_cons	2.7992***	2.9019***	2.8011***	2.9068***
	(0.8128)	(0.8339)	(0.8126)	(0.8336)
Wald chi2	212.1820	275.4955	212.2049	275.7358
N	3911.0000	3294.0000	3911.0000	3294.0000
Overall R^2	0.1158	0.1534	0.1159	0.1539

三、企业风险承担的中介效应

通过前文的分析可以发现，高管团队作为企业战略资源分配的决策"首脑"，其内部结构组成对其行为决策的影响最终会作用于企业价值。而企业风险承担行为是一项最终需要高管团队共同制定的决策，它不仅受外部宏观因素的影响，而且受企业层面因素及企业高管团队成员的影响。高管团队作为风险决策的制定者，其组成特质会反映到其决策行为中，影响企业的风险承担水平（孙玥璠等，2019）[①]。此外，上一节验证了企业风险承担与企业价值的关系，即企业风险承担水平对企业价值有着正向的积极影响。换言之，高风险的投资会换来更高的收益，对于完成企业资本积累，促进企业价值最大化有着积极的影响。因此，高管团队断裂带强度影响了企业风险承担，从而会使得企业战略资源决策存在差异，而企业的资源配置又是实现企业价值的基础。前文分析得出，高管团队关系属性断裂带与企业价值不存在相关性，这里只分析企业风险承担在高管团队任务属性断裂带与企业价值之间的效用。由此，提出如下假设：

H16：企业风险承担中介高管团队任务属性断裂带对企业价值的正向影响。

温忠麟等（2004）[②] 对中介效应的检验步骤做了详细论述，本书参考其中介检验三步法对企业风险承担的中介效应做检验。首先，判断高管团队任务属性断裂带与企业价值之间的关系，通过本章第一节的检验，验证了高管团队任务属性断裂带对企业价值具有正向效应。其次，通过实证检验，分析高管团队任务属性断裂带对企业风险承担影响，通过本章第二节的检验，验证了企业风险承担对企业价值具有正向效应。最后，将高管团队任务属性断裂带与企业风险承担水平一起加入回归模型，探究 Risk 的中介效应。

表 6-3 为使用 Stata 软件中 Sgmediation 命令对企业风险承担中介效应进行检验的结果。首先分析 $Qt+2$ 的回归结果，$Fau2$ 的

---

① 孙玥璠，陈爽，张永冀. 高管团队异质性、群体断裂带与企业风险承担［J］. 管理评论，2019，31（8）：157-168.

② 温忠麟，侯杰泰，张雷，刘红云. 中介效应检验程序及其应用［J］. 心理学报，2004，36（5）：614-620.

回归系数依然显著为正（$\beta=0.3383$，$p<0.001$）（$\beta=0.3381$，$p<0.001$），进一步验证了假设 14。$Risk1$ 对 $Qt+2$ 的系数也显著为正（$\beta=0.1128$，$p<0.001$）（$\beta=0.2631$，$p<0.001$），$Risk2$ 亦然，这在一定程度上表明对企业风险承担与企业价值关系的实证检验结果的稳健性。$SobelZ$ 的系数显著为正（$\beta=1.7910$，$p<0.1$）（$\beta=1.79800$，$p<0.1$），说明企业风险承担的中介效应存在，假设 16 成立。其次，同样用 $Qt+3$ 检验了企业风险承担的中介效应，各个变量的符号及显著性与 $Qt+2$ 的相同，证明了上述结果的稳健性。

表 6-3　高管团队断裂带、企业风险承担、企业价值

变量	Qt+2 （1）	Qt+3 （2）	Qt+2 （3）	Qt+3 （4）
Fau2	0.3383***	0.4171***	0.3381***	0.4165***
	(0.1199)	(0.1294)	(0.1199)	(0.1294)
Risk1	0.1128***	0.2631***		
	(0.0155)	(0.0162)		
Risk2			0.0653***	0.1520***
			(0.0089)	(0.0093)
SIZE	−0.0705	−0.1757*	−0.0708	−0.1764*
	(0.0903)	(0.0936)	(0.0903)	(0.0936)
AGE	0.0321***	0.0267***	0.0321***	0.0266***
	(0.0034)	(0.0037)	(0.0034)	(0.0037)
TSIZE	0.0066	0.0193*	0.0067	0.0194**
	(0.0094)	(0.0099)	(0.0094)	(0.0099)
TAGE	0.0244***	0.0235***	0.0244***	0.0235***
	(0.0055)	(0.0058)	(0.0055)	(0.0058)
PAST	−0.3112***	−0.2080**	−0.3111***	−0.2077**
	(0.0821)	(0.0851)	(0.0821)	(0.0851)
PET	−0.1205*	−0.0543	−0.1202*	−0.0535
	(0.0696)	(0.0747)	(0.0696)	(0.0747)

续表

变量	Qt+2 （1）	Qt+3 （2）	Qt+2 （3）	Qt+3 （4）
GROWTH	0.1129***	0.1238***	0.1130***	0.1240***
	（0.0420）	（0.0430）	（0.0420）	（0.0430）
DEBT	−1.2310***	−1.1631***	−1.2314***	−1.1645***
	（0.1079）	（0.1146）	（0.1079）	（0.1145）
CAP	−0.6708*	−0.0520	−0.6698*	−0.0499
	（0.3900）	（0.4357）	（0.3900）	（0.4356）
*TOP*1	−0.2518*	−0.1045	−0.2513*	−0.1034
	（0.1322）	（0.1418）	（0.1322）	（0.1418）
_*cons*	4.7516***	4.3378***	4.7529***	4.3396***
	（0.5204）	（0.5559）	（0.5204）	（0.5557）
Sobel Z	1.7910*	1.9200*	1.79800*	1.9310*
	（0.073）	（0.0549）	（0.0721）	（0.0535）
Goodman−1	1.7750*	1.9160*	1.7830*	1.9270*
	（0.0759）	（0.0553）	（0.0746）	（0.0540）
Goodman−2	1.8070*	1.9230*	1.8140*	1.9340*
	（0.0708）	（0.0544）	（0.0696）	（0.0531）
中介效应占比	7.1%	14.5%	7.2%	14.6%
N	3911.0000	3294.0000	3911.0000	3294.0000
Adj-R^2	0.1453	0.1751	0.1454	0.1755

四、外部治理水平的调节中介效应

　　内部因素和外部因素往往是相互联动的关系，由前文可知，高管团队任务属性断裂带会正向强化高管团队成员间的知识关系，且能够通过促进企业风险承担提升企业价值。但这一内在作用机制也会受到企业外部环境因素的影响，第五章通过实证分析，验证了企业外部治理水平在高管团队任务属性断裂带对企业风险承担正向影响关系中起到积极的调节作用。且企业风险承担中介高管团队任务属性断裂带与企业价值两者间的关系，表明高管团队任务属性断裂带通过企业风险承担对企业价值产生间接影响。在此基础上，基于高水平的企业外部治理可以使高管团队从中获取政策、制度等资源支持，更有利于高管团队任务属性断裂带积极作用的发挥，从而积极承担企业风险，提升企业价值。高管团队任务断裂带通过作用于企业风险承担而影响企业价值的中介效应还会受到企业外部治理水平的调节作用。由此，提出如下假设：

H17：企业外部治理水平正向调节企业风险承担在高管团队任务属性断裂带与企业价值两者间的中介效应。

本书采用 Bootstrap 法进行有调节的中介效应检验。参考唐朝永等（2021）[①] 的研究，结合表 6-4 的结果可以发现，当间接效应路径为 $Fau2 \rightarrow Risk1 \rightarrow Qt+2$ 时，在企业外部治理水平较高时，高管团队任务属性断裂带通过企业风险承担影响企业价值的间接效应显著（$\beta = 0.071$，95% 置信区间为 [0.032，0.110]，不包含 0），当企业外部治理水平较低时，高管团队任务属性断裂带通过企业风险承担影响企业价值的间接效应并不显著（$\beta = 0.022$，95% 置信区间为 [-0.010，0.054]，包含 0）。当间接效应路径为 $Fau2 \rightarrow Risk1 \rightarrow Qt+3$ 时，在企业外部治理水平较高时，高管团队任务属性断裂带通过企业风险承担影响企业价值的间接效应显著（$\beta = 0.153$，95% 置信区间为 [0.046，0.260]，不包

---

① 唐朝永，林琳，蔡瑞林. 失败学习对衰落企业低成本创新的影响：有调节的中介模型 [J]. 管理评论，2021，33（9）：97-109.

含 0），当企业外部治理水平较低时，高管团队任务属性断裂带通过企业风险承担影响企业价值的间接效应并不显著（$\beta = 0.072$，95%置信区间为 $[-0.009, 0.154]$，包含 0）。当间接效应路径为 $Fau2 \rightarrow Risk2 \rightarrow Qt+2$ 时，在企业外部治理水平较高时，高管团队任务属性断裂带通过企业风险承担影响企业价值的间接效应显著（$\beta = 0.072$，95%置信区间为 $[0.025, 0.118]$，不包含 0），当企业外部治理水平较低时，高管团队任务属性断裂带通过企业风险承担影响企业价值的间接效应并不显著（$\beta = 0.022$，95%置信区间为 $[-0.015, 0.059]$，包含 0）。当间接效应路径为 $Fau2 \rightarrow Risk2 \rightarrow Qt+3$ 时，在企业外部治理水平较高时，高管团队任务属性断裂带通过企业风险承担影响企业价值的间接效应显著（$\beta = 0.154$，95%置信区间为 $[0.029, 0.2808]$，不包含 0），当企业外部治理水平较低时，高管团队任务属性断裂带通过企业风险承担影响企业价值的间接效应并不显著（$\beta = 0.073$，95%置信区间为 $[-0.011, 0.157]$，包含 0）。因此，验证了假设 17，即企业外部治理水平正向调节了企业风险承担在高管团队任务属性断裂带与企业价值两者间的中介效应。

表 6-4　外部治理水平的调节中介效应

间接效应路径	ExGov 调节程度	效应值	标准误	t 值	95%置信区间	
					下限	上限
$Fau2 \rightarrow Risk1 \rightarrow Qt+2$	低（M-1SD）	0.022	0.016	1.330	-0.010	0.054
	中（M）	0.046	0.015	3.140	0.017	0.075
	高（M+1SD）	0.071	0.020	3.580	0.032	0.110
$Fau2 \rightarrow Risk1 \rightarrow Qt+3$	低（M-1SD）	0.072	0.042	1.740	-0.009	0.154
	中（M）	0.113	0.038	2.940	0.038	0.188
	高（M+1SD）	0.153	0.055	2.800	0.046	0.260

续表

间接效应 路径	ExGov 调节 程度	效应值	标准误	t 值	95%置信区间	
					下限	上限
$Fau2 \rightarrow Risk2 \rightarrow Qt+2$	低（M-1SD）	0.022	0.019	1.160	-0.015	0.059
	中（M）	0.047	0.016	2.900	0.015	0.078
	高（M+1SD）	0.072	0.024	3.030	0.025	0.118
$Fau2 \rightarrow Risk2 \rightarrow Qt+3$	低（M-1SD）	0.073	0.043	1.700	-0.011	0.157
	中（M）	0.114	0.045	2.550	0.026	0.201
	高（M+1SD）	0.154	0.064	2.410	0.029	0.2808

五、环境复杂性的调节中介效应

同理，高管团队任务断裂带通过作用于企业风险承担从而影响企业价值的中介效应也会受到企业市场环境复杂性的调节。前文的实证分析，验证了企业风险承担中介高管团队任务属性断裂带与企业价值之间的关系，且市场环境复杂性正向调节高管团队断裂带与企业风险承担间的关系，即复杂的市场环境会使得高管团队成员的任务相互依赖性增强，这使企业可以利用基于知识的子群体之间的知识交换来获得风险决策的信息优势。由此，提出如下假设：

H18：环境复杂性正向调节企业风险承担在高管团队任务属性断裂带与企业价值两者间的中介效应。

结合表 6-5 的结果分析可以发现，当间接效应路径为 $Fau2 \rightarrow Risk1 \rightarrow Qt+2$ 时，在企业外部治理水平较高时，高管团队任务属性断裂带通过企业风险承担影响企业价值的间接效应不显著（$\beta = 0.032$，95% 置信区间为 $[-0.001, 0.065]$，包含 0），当企业外部治理水平较低时，高管团队任务属性断裂带通过企业风险承担影响企业价值的间接效应显著（$\beta = 0.049$，95% 置信区间为 $[0.005, 0.094]$，不包含 0）。其余三条间接效应路径 $Fau2 \rightarrow Risk1 \rightarrow Qt+3$、$Fau2 \rightarrow Risk2 \rightarrow Qt+2$、$Fau2 \rightarrow Risk2 \rightarrow Qt+3$ 结果均相同，即在企业外部治理水平较高时，高管团队任务属性断裂带通过企业风险承担影响企业价值的间接效应不显著，当企业外部治理水平较低时，高管团队任务属性断裂带通过企业风险承担影响企业价值的间接效应显著，这表明市场环境复杂性并未调节企业风险承担在高管团队任务属性断裂带与企业价值间的中介效应，假设 18 不成立。

表 6-5　环境复杂性的调节中介效应

间接效应路径	Complexity 调节程度	效应值	标准误	t 值	95% 置信区间	
					下限	上限
$Fau2 \rightarrow Risk1 \rightarrow Qt+2$	低（M−1SD）	0.049	0.023	2.170	0.005	0.094
	中（M）	0.041	0.014	2.890	0.013	0.068
	高（M+1SD）	0.032	0.017	1.910	−0.001	0.065
$Fau2 \rightarrow Risk1 \rightarrow Qt+3$	低（M−1SD）	0.143	0.049	2.890	0.046	0.240
	中（M）	0.104	0.035	2.940	0.035	0.174
	高（M+1SD）	0.065	0.058	1.120	−0.049	0.179
$Fau2 \rightarrow Risk2 \rightarrow Qt+2$	低（M−1SD）	0.050	0.022	2.240	0.006	0.093
	中（M）	0.041	0.015	2.670	0.011	0.071
	高（M+1SD）	0.032	0.021	1.540	−0.009	0.073
$Fau2 \rightarrow Risk2 \rightarrow Qt+3$	低（M−1SD）	0.145	0.055	2.640	0.037	0.252
	中（M）	0.105	0.036	2.920	0.034	0.176
	高（M+1SD）	0.065	0.047	1.380	−0.028	0.158

第七章
研究结论与展望

一、研究结论与启示

（一）研究结论

本书以 2008~2018 年中国沪深 A 股制造业上市公司为样本，基于高层梯队理论、断裂带理论、社会认同理论、信息处理决策等多学科交叉融合的理论，通过设定检验模型，实证研究了高管团队断裂带、企业风险承担与企业价值的关系，进一步探究了环境情境因素即企业外部治理水平和市场环境复杂性对高管团队断裂带与企业风险承担之间关系的调节作用，并利用 Sobel 检验法探讨了企业风险承担在高管团队断裂带与企业价值间的中介效应。此外，利用 Bootstrap 法实证检验了有调节的中介效应模型，探究了企业外部治理水平和市场环境复杂性对企业风险承担中介效应的调节作用。基于前文的实证检验发现部分结果支持了假设，部分结果没有支持假设，具体情况如表7-1所示。

表7-1　假设检验汇总表

H1：高管团队关系属性断裂带对企业风险承担产生负向影响	支持
H2：高管团队任务属性断裂带对企业风险承担产生正向影响	支持
H3：高管团队关系属性断裂带对企业创新决策产生负向影响	支持
H4：高管团队任务属性断裂带对企业创新决策产生正向影响	不支持
H5：高管团队关系属性断裂带对企业并购决策产生负向影响	不支持
H6：高管团队任务属性断裂带对企业并购决策产生正向影响	不支持
H7：高管团队关系属性断裂带对企业专业化经营决策产生负向影响	不支持
H8：高管团队任务属性断裂带对企业专业化经营决策产生正向影响	支持
H9：外部治理水平负向调节高管团队关系属性断裂带对企业风险承担的负向影响	不支持
H10：外部治理水平正向调节高管团队任务属性断裂带对企业风险承担的正向影响	支持
H11：环境复杂性负向调节高管团队关系属性断裂带对企业风险承担的负向影响	不支持
H12：环境复杂性正向调节高管团队任务属性断裂带对企业风险承担的正向影响	支持
H13：高管团队关系属性断裂带对企业价值产生负向影响	不支持
H14：高管团队任务属性断裂带对企业价值产生正向影响	支持
H15：企业风险承担对企业价值产生正向影响	支持
H16：企业风险承担中介高管团队任务属性断裂带对企业价值的正向影响	支持
H17：企业外部治理水平正向调节企业风险承担在高管团队任务属性断裂带与企业价值两者间的中介效应	支持
H18：环境复杂性正向调节企业风险承担在高管团队任务属性断裂带与企业价值两者间的中介效应	不支持

下面将主要研究结论归纳如下：

1. 高管团队断裂带与企业风险承担

研究发现，高管团队关系属性断裂带对企业风险承担水平具有负向抑制作用；而高管团队任务属性断裂带对企业风险承担水平具有正向促进作用。具体表现为高管团队关系相关断裂带的存在会导致子群之间产生不同的社会认同，降低高管团队整体的凝聚力，增加高管团队内部的冲突水平，不利于高管团队在战略决策过程中的资源整合，进一步会妨碍高管团队成员承担企业风险的意愿，最终导致企业风险承担水平较低。而任务属性断裂带形成的子团队之间往往倾向于与有不同知识底蕴与职能背景的其他子团体之间进行信息的交流与相关知识或技能的学习，这样能促进团队间信息的交流与共享，带来多元化的信息资源，有助于提高高管团队对风险的认知，加强高管团队承担风险的意识或能力，进而提升企业的风险承担水平。探究高管团队断裂带对企业风险承担的具体影响路径的分析结果表明，高管团队关系属性断裂带抑制企业创新投入，高管团队任务属性断裂带促进企业专业化经营。

2. 环境情境因素的调节效应

研究表明，企业外部治理水平正向调节高管团队任务属性断裂带对企业风险承担的正向影响。企业在外部治理水平较高时，高管团队任务属性断裂带能更显著地提升企业风险承担水平。具体表现为当外部治理水平较高时，任务属性断裂带会使高管团队具有更多元化的信息资源，能更显著地提升企业风险承担水平。通过实证检验验证了市场环境复杂性同样正向调节了高管团队任务属性断裂带与企业风险承担间的关系。当市场环境复杂性水平较高时，高管团队任务属性断裂带能更显著地提升企业风险承担水平。具体表现为市场环境复杂性越高，高管团队之间的任务相互依赖性越强，这会使得企业可以利用基于知识的子群体之间的知识交换来获得风险决策的信息优势，促进企业的风险承担水平。

3. 进一步研究的结论

探究高管团队断裂带与企业价值关系的实证结果表明，高管团队任务属性断裂带对企业价值起正向影响，且这种正向影响会随着时间得到加强。具体表现为基于任务属性形成的断裂带会使团队成员暴露和识别不同的认知信息，提升信息处理和资源整合质量，进而对提升企业价值产生积极影响。企业风险承担对企业价值影响的实证结果表明，企业风险承担对企业价值起正向影响。具体表现为企业风险承担水平越高，越有利于创新产品和服务，从而加强生存竞争力，提高企业的价值。企业风险承担中介效应的结果表明，高管团队任务属性断裂带能够通过促进企业风险承担，提升企业的价值创造能力，即企业风险承担中介两者间的关系。且进一步探究发现，外部治理水平正向调节了企业风险承担的中介作用。

（二）研究启示

1. 将断裂带纳入选聘高管团队的依据

由于研究验证了高管团队关系属性断裂带的存在及其强度对高管团队制定风险承担决策是不利的，而高管团队任务属性断裂带则对高管团队的风险承担决策制定起到正向影响，考虑到高管团队作为企业不可或缺的人力资本，将高管团队断裂带纳入高管团队人员选聘是每个企业都需考虑的。因此，企业在选聘高管团队成员的过程中，应在力求基于性别和年龄属性的关系属性断裂带强度维持在适当水平以降低其不利影响的同时，对高管团队基于任期、受教育程度、职能背景等任务相关属性的断裂带进行重点关注，保证高管团队成员任务属性的多样化，增强任务属性断裂带强度，以带来多元化的信息资源，使子群体分享关键的知识、技能和能力，加强高管团队承担风险的意识或能力，增强企业风险承担的水平，提升企业价值。

2. 关注企业环境情境因素的影响

高管团队关系属性断裂带和任务属性断裂带对企业风险承担水平的影响是受到外部治理水平和环境复杂性调节的，表明探讨特定属性的断裂带类型的影响时，需要与企业所处的外部环境治理水平和环境复杂性相结合，强调企业外部环境治理水平和环境复杂性的重要影响。研究表明，在外部治理水平和市场环境复杂性较高时，任务属性断裂带强的高管团队更能够积极承担风险，行业部门应保持企业经营环境处于相对水平较高的外部治理状态，同时保证一定水平的竞争程度和异质性，尽可能地减少关系属性断裂带的负面影响，增强任务属性断裂带的积极作用。

3. 重视风险管理，主动承担适当水平的风险

本书的研究结果表明，企业风险承担有利于提升企业价值，承担风险投资可能有利于公司业绩，鼓励企业快速增长，使其在市场上保持竞争力，并使股东财富最大化。因此，企业应当重视风险管理，主动承担适当水平的风险。但是本书所说的企业风险承担并不是指低估执行战略计划所需的资源、一味追求股东利益最大化，更不是指欺诈消费者、谋求公司利益的风险承担行为；而是指在企业风险承担能力的范围之内，通过对风险的投资收益进行客观评估，有针对性地选择风险投资项目，实现企业资本的正向积累，促进技术的发展和产品的研发，提升其在日益激烈的市场竞争中的有利地位，从而更好更快地实现企业价值目标。

二、研究展望

尽管本书的研究具有一定的理论贡献和实践意义，但并非没有局限性。第一，只关注单一制造业行业，不同的行业有不同的法规和经营特征，这些均会影响企业的风险承担行为。后续的研究可以以适应行业的特定因素为基础，侧重于探讨企业价值和企业风险承担行为的多种衡量标准。也可以扩充研究更大的样本，包含不同行业的企业，例如行业环境变化速度较快、规模变化较小的高新技术行业。第二，本书数据均是从数据库、企业年报和相关上市企业官方网站获取的二手数据，尤其是高管团队成员的背景特征信息存在一定的缺失问题，对于高管团队断裂带的测量也仅仅是选取了性别、年龄、任期、受教育水平、职能背景等可以直接获取的表层特征，而没有研究基于高管团队的兴趣爱好、价值观念等更加深入的特征属性形成的断裂带。然而，这种具有一定深度和丰富性的信息只能通过更加具象或互动性的数据收集方法来实现，如访谈或专家小组。因此，在未来的研究中应该注意多采用这种类型的数据收集方法，并学习相关变量的衡量方法，进一步加强对高管团队断裂带与企业风险承担的理解。

参考文献

[1] Aboody D, Even-Tov O, Lehavy R. Firm-specific investor sentiment [J] . Social Science Electronic Publishing, 2013.

[2] Acharya V V, Amihud. Creditor rights and corporate risk-taking [J] . Journal of Financial Economics, 2011 (1) .

[3] Amason A C. Distinguishing the effects of functional and dysfunctional conflict on strategic decision making: Resolving a paradox for top management teams [J] . Academy of Management Journal, 1996, 39 (1): 123-148.

[4] Ancona D G, Caldwell D F. Demography and design: Predictors of new product team performance [J] . Organization Science, 1992, 3 (3): 321-341.

[5] Baixauli-Soler J S, Belda-Ruiz M, Sanchez-Marin G. Executive stock options, gender diversity in the top management team, and firm risk taking [J] . Journal of Business Research, 2015, 68: 451-463.

[6] Baldassari A, Bolchini C, Miele A. A dynamic reliability management framework for heterogeneous multicore systems [C] // 2017 IEEE International Symposium on Defect and Fault Tolerance in

VLSI and Nanotechnology Systems（DFT）. IEEE，2018.

［7］ Bantel K A, Jackson S E. Top management and innovations in banking：Does the composition of the top team make a difference? ［J］. Strategic management journal，1989，10（S1）：107-124.

［8］ Bargeron L L, Lehn K, Zutter C. Sarbanes-Oxley and corporate risk - taking ［J］. Journal of Accounting and Economics，2010，49（1-2）：34-52.

［9］ Barkema H G, Shvyrkov O. Does top management team diversity promote or hamper foreign expansion? ［J］. Strategic Management Journal，2007，28（7）：663-680.

［10］ Bartram S M, Brown B, Stulz R M. Why are U. S. stocks more volatile? ［J］. Journal of Finance，2012，67（4）.

［11］ Bell S T, Villado A J, Lukasik M A. Getting specific about demographic diversity variable and team performance relationships：A meta-analysis ［J］. Journal of Management，2011，37，（3）：709-743.

［12］ Bezrukova K, Jehn K A, Zanutto E L. Do workgroup faultlines help or hurt? A moderated model of faultlines, team identification, and group performance ［J］. Organization Science，2009，20（1）：35-50.

［13］ Bezrukova K, Thatcher S M B, Jehn K A. Group heterogeneity and faultlines：Comparing alignment and dipersion theories of group composition ［J］. Research Gate，2014，10（3）：57-92.

［14］ Bezrukova K, Thatcher S M B, Jehn K A. The effects of alignments：Examining group faultlines, organizational cultures and performance ［J］. Journal of Applied Psychology，2012（1）：77.

〔15〕 Billings B K, Moon J, Morton R M. Risk-taking incentives and returns on R&D investment 〔J〕. Social Science Electronic Publishing, 2018.

〔16〕 Boivie S, Graffin S D, Gentry R. A trusted analyst's opinion is worth gold for a company's investors 〔J〕. LSE Business Review, 2016 (6).

〔17〕 Bonaime A, Gulen H, Ion M. Does policy uncertainty affect mergers and acquisitions? 〔J〕. Journal of Financial Economics, 2018, 129 (3).

〔18〕 Brauer M, Wiersema M. Analyzing analyst research: A review of past coverage and recommendations for future research 〔J〕. Journal of Management, 2018, 44 (1) 218-248.

〔19〕 Brewer M B. The importance of being we: Human nature and intergroup relations 〔J〕. American Psychologist, 2007, 62 (8): 728.

〔20〕 Brisley N, Cai J, Nguyen T. Required CEO stock ownership: Consequences for risk-taking and compensation 〔J〕. Journal of Corporate Finance, 2021, 66 (2).

〔21〕 Bromiley P, Miller K D, Rau D. Risk in Strategic Management Research 〔M〕. Handbook of Strategic Managern, 2001.

〔22〕 Buyl T, Boone, Hendriks W. The impact of functional background at top management team decision-making: A contingencies model 〔C〕. Paper presented at 2009 Annual Meeting of the Academy of Management, Chicago, United States, 2009.

〔23〕 Byrne D. The attraction paradigm 〔M〕. Academic Press, 1971.

[24] Cain M D, Mckeon S B. CEO personal risk-taking and corporate policies [J]. Journal of Financial and Quantitative Analysis, 2014 (1).

[25] Calabr A, Santulli R, Torchia M. Entrepreneurial orientation and family firm performance: The moderating role of TMT identity-based and knowledge-based faultlines [J]. Entrepreneurship Theory and Practice, 2021, 45.

[26] Carton A M, Cummings J N. A theory of subgroups in work teams [J]. Academy of Management Review, 2012, 37 (3): 441-470.

[27] Chen Z, Ebrahim A, Taboada A G. Turnover threat and CEO risk-taking behavior in the banking industry [J]. Journal of Banking & Finance, 2018 (96): 88-105.

[28] Chung Y, Jiang Y, Blasi J R, Kruse D L. Effects of leader networking behaviors and vertical faultlines on support for innovation [J]. Small Group Research, SAGE Publications Inc, 2020, 51 (5): 616-650.

[29] Chung Y, Liao H, Jackson S E. Cracking but not breaking: Joint effects of faultline strength and diversity climate on loyal behavior [J]. Academy of Management Journal, 2015, 58 (5): 1495-1515.

[30] Chung Y, Jackson S B. The internal and external networks of knowledge-intensive teams: The role of task routineness [J]. Journal of Management, 2013, 39 (2): 442-468.

[31] Cooper D, Patel P C, Thatcher S M B. It depends: Environmental context and the effects of faultlines on top management team

performance ［J］. Organization Science, 2014, 25 (2): 633 - 652.

［32］ Cronin M A, Bezrukova K. The assets and liabilities of active faultlines: The role of cognitive and affective processes in team performance ［J］. Cognitive and Affective Integration, 2007, 4 (1): 2-39.

［33］ Davina V, Livia M. Group learning and performance: The role of communication and Faultlines ［J］. International Journal of Human Resource Management, 2012, 23 (11): 2374-2392.

［34］ Dess G G, Beard D W. Dimensions of organizational task environments ［J］. Administrative Science Quarterly, 1984, 29 (1): 52-73.

［35］ Ditomaso N, Bian Y. The structure of labor markets in the US and China: Social capital & guanxi ［J］. Management and Organization Review, 2018, 14 (1): 5-36.

［36］ Eddleston K A, Kidwell R E. Parent-child relationships: Planting the seeds of deviant behavior in the family firm ［J］. Entrepreneurship Theory and Practice, 2012, 36 (2): 369-386.

［37］ Eniola A A, Entebang H. SME Firm Performance-Financial Innovation and Challenges ［J］. Procedia-Social & Behavioral Sciences, 2010, 195: 334-342.

［38］ Faccio M, Marchica M -T, Mura R. Large shareholder diversification and corporate risk-taking ［J］. Review of Financial Studies, 2016 (1): 3601-3641.

［39］ Farrell M, Gallagher R. The valuation implications of enterprise risk management maturity ［J］. Journal of Risk and Insurance，2015（1）．

[40] Ferris S P，Javakhadze D，Rajkovic T. CEO Social capital，risk-taking and corporate policies [J] . Journal of Corporate Finance，2017（47）：46-71.

[41] Finkelstein S，Hambrick D，Cannella A A. Strategic leadership [J] . St. Paul：West Educational Publishing，1996（1）．

[42] Flache A，Mas M. Why do faultlines matter? A computational model of how strong demographic faultlines undermine team cohesion [J] . Simulation Modelling Pratice & Theory，2008，16（2）：175-191.

[43] Fracassi C，Petry S，Tate G. Does rating analyst subjectivity affect corporate debt pricing? [J] . Journal of Financial Economics，2016，120（3）：514-538.

[44] Georgakakis D，Greve P，Ruigrok W. Top management team faultlines & firm performance：Examining the CEO-TMT interface [J] . The Leadership Quarterly，2017，28（6）：741-758.

[45] Gibson C，Vermeulen F. A healthy divide：Subgroups as a stimulus for team learning behavior [J] . Administrative Science Quarterly，2003，48（2）：202-239.

[46] Gordon S S，Stewart W H，Sweo R A. Convergence versus strategic reorientation：The antecedents of fastpaced organizational change [J] . Journal of Management，2000，26（5）：911-945.

[47] Gratton L，Voigt A，Erickson T J. Bridging faultlines in diverse teams [J] . MIT Sloan Management Review，2007，48（4）：22-29.

[48] Habib A，Hasan M M，Cahan S. Firm life cycle，corpo-

rate risk – taking and investor sentiment ［J］. Accounting and Finance, 2017, 57 (2): 465-497.

［49］ Hambrick D C, Cho T S, Chen M J. The influence of top management team heterogeneity on firms' competitive moves ［J］. Administrative Science Quarterly, 1996 (1): 659-684.

［50］ Hambrick D C, Finkelstein S. Managerial discretion: A bridge between polar views of organizational outcomes ［J］. Research in Organizational Behavior, 1987, 9 (4): 369-406.

［51］ Hambrick D C, Mason P A. Upper echelons: The organization as a reflection of its top managers ［J］. Academy of Management Review, 1984 (9): 193-206.

［52］ Hambrick D C. Upper echelons theory: An update ［J］. Academy of Management Review, 2007 (32): 334-343.

［53］ Harrison D A, Klein K J. What's the difference? Diversity constructs as separation, variety, or disparity in organizations ［J］. Academy of Management Review, 2007, 32 (4): 1199 – 1228.

［54］ Hogg M A, Terry D J. Social identity and self–categorization processes in organizational contexts ［J］. Academy of Management Review, 2000, 25 (1): 121-140.

［55］ Homan A C, Van Knippenberg D, Van Kleef G A. Bridging faultlines by valuing diversity: Diversity beliefs, information elaboration, and performance in diverse work groups ［J］. Journal of Applied Psychology, 2007, 92 (5): 1189-1199.

［56］ Huddy L. From social to political identity: A critical examination of social identity theory ［J］. Political Psychology, 2001, 22

（1）：127-156.

［57］ Hutchinson M R, Seamer M, Chapple L J. Institutional investors, risk/return and corporate governance: Practical lessons from the Global Financial Crisis ［R］. AFAANZ, 2012.

［58］ Hutzschenreuter T, Horstkotte J. Performance effects of top management team demographic faultlines in the process of product diversification ［J］. Strategic Management Journal, 2013, 34（6）: 704-726.

［59］ Jackson S E, Joshi A, Erhardt N L. Recent research on team and organizational diversity: SWOT analysis and implication ［J］. Journal of Management, 2003, 29（6）: 801-830.

［60］ Jackson S E. Consequences of group composition for the interpersonal dynamics of strategic issue processing ［J］. Advances in Strategic Management, 1992, 8（3）: 345-382.

［61］ Jehn K A, Bezrukova K. The faultline activation process and the effects of activated faultlines on coalition formation, conflict, and group outcomes ［J］. Organizational Behavior and Human Decision Processes, 2010, 112（1）: 24-42.

［62］ Jehn K A, Northcraft G B, Neale M A. Why differences make a difference: A field study of diversity, conflict and performance in workgroups ［J］. Administrative Science Quarterly, 1999, 44（4）: 741-763.

［63］ John T A, John K. Top-management compensation and capital structure ［J］. Journal of Finance, 1993（48）: 949-974.

［64］ John K, Litov L, Yeung B. Corporate governance and risk-taking ［J］. Journal of Finance, 2008, 63（4）: 1679-1728.

［65］ Joshi A, Roh H. The role of context in work team diversity esearch: A meta - analytic review ［J］. Academy of Management Journal, 2009, 52 (3): 599-627.

［66］ Kamp M V, Tjemkes B V, Jehn K A. Faultline activation and deactivation and their effect on conflict ［C］. Istanbul Turkey, Ssrn Electronic Journal, 2011.

［67］ Kaczmarek S, Kimino S, Pye A. Board task -related fault-lines and firm performance: A decade of evidence ［J］. Corporate Governance: An International Review, 2012, 20 (4): 337-351.

［68］ Keats B W, Hitt M A. A causal model of linkages among environmental dimensions, macro organizational characteristics, and performance ［J］. Academy of Management Journal, 1988, 31 (3): 570-598.

［69］ Kirkman B L, Tesluk P E, Rosen B. The impact of demo-graphic heterogeneity and team leader-team member demographic fit on team empowerment and effectiveness ［J］. Group & Organization Management, 2004, 29 (3): 334-368.

［70］ Koerniadi H, Krishnamurti C, Tourani-Rad A. Corpo-rate governance and risk - taking in New Zealland ［J］. Australian Journal of Management, 2014, 39 (2): 227-245.

［71］ Kotlar J, De Massis A. Goal setting in family firms: Goal diversity, social interactions, and collective commitment to family - centered goals ［J］. Entrepreneurship Theory and Practice, 2013, 37 (6): 1263-1288.

［72］ Kunze F, Bruch H. Age - Based faultlines and perceived productive energy: The moderation of transformational leadership

［J］. Small Group Research, 2010, 41 (5): 593-620.

［73］ Lau D C, Murnighan J K. Demographic diversity and faultlines: The compositional dynamics of organizational groups ［J］. Academy of Management Review, 1998, 23 (2): 325-340.

［74］ Lau D C, Murnighan J K. Interactions within groups and subgroups: The effects of demographic faultlines ［J］. Academy of Management Journal, 2005, 48 (4): 645-659.

［75］ Lawrence B S, Zyphur M J. Identifying organizational faultlines with latent class cluster analysis ［J］. Organizational Research Methods, 2011, 13 (1): 32-57.

［76］ Lawrence P R, Lorsch J W. Differentiation and integration in complex organizations ［J］. Administrative Science Quarterly, 1967, 12 (1): 1-47.

［77］ Lekosimic M, Horvat J. Risk taking propensity and export performance of croatian exporters ［J］. Managing Global Transitions, 2006, 4 (4): 313-326.

［78］ Li J, Hambrick D C. Factional groups: A new vantage on demographic faultlines, conflict, and disintegration in work teams ［J］. Academy of Management Journal, 2005, 48 (5): 794-813.

［79］ Li J, Tang Y. CEO hubris and firm risk taking in China: The moderating role of managerial discretion ［J］. Academy of Management Journal, 2010, 53 (1): 45-68.

［80］ Li M, Liu C. Let's Explore with a divided team! The effects of top management team demographic faultlines on technological exploration ［J］. Journal of Management and Organization, 2019 (1).

146

［81］ Low A. Managerial risk-taking behavior and equity-based compensation ［J］.Journal of Financial Economics, 2009, 92 (3).

［82］ Maladzhi R W, Yan B. Effect of inspirational and motivational leadership on creativity & innovation in SMEs ［D］. IEEE, 2015.

［83］ Mathieu J, Maynard M T, Rapp T. Team effectiveness 1997-2007: A review of recent advancements and a glimpse into the future ［J］.Journal of Management, 2008, 34 (3): 410-476.

［84］ Matthew J P, Alekser P J E, Joel M E. Unlocking the effects of gender faultlines on team creativity: Is activation the key? ［J］.The Journal of applied psychology, 2008.

［85］ Meister A, Thatcher S M, Park J. Toward a temporal theory of faultlines and subgroup entrenchment ［J］.Journal of Management Studies, 2020, 57 (8): 1473-1501.

［86］ Messick D M, Mackie D M. Intergroup relations ［J］. Annual Review of Psychology, 1989, 40 (1): 45-81.

［87］ Meyer B, Shemla M, Schermuly C C. Societal category salience moderates the effects of diversity faultlines on information elaboration ［J］.Small Group Research, 2011, 42 (3): 257-282.

［88］ Meyer B, Glenz A, Antino M, Rico R, González-Romá V. Faultlines and subgroups: A meta-review and measurement guide ［J］.Small Group Research, 2014, 45 (6): 633-670.

［89］ Miller D, Le Breton-Miller L, Minichilli A, Pittino D. When do Non-family CEOS out-perform in family firms? Agency and behavior agency perspectives ［J］.Journal of Management Studies，2014，51（4）：547-572.

［90］Minichilli A，Corbetta G，MacMillan I C. Top management teams in family-controlled companies："Familiness"，"Faultlines" and their impact on financial performance ［J］. Journal of Management Studies，2010，47（2）：205-222.

［91］Mintzberg H. An emerging strategy of "direct" research ［J］. Administrative science quarterly，1979，24（4）：582-589.

［92］Mojena R. Hierarchical grouping methods and stopping rules：An evaluation ［J］. Computer Journal，1977，20（4）：359-363.

［93］Molleman E. Diversity in demographic characteristics，abilities and personality traits：Do faultlines affect functioning? ［J］. Group Decision & Negotiation，2005，14（3）：173-193.

［94］Myer B，Glenz A. Team faultline measures：A computational comparison and a new approach to multiple subgroups ［J］. Organizational Research Methods，2013，16（3）：393-424.

［95］Nakano M，Nguyen P. Board size and corporate risk taking：Further evidence from Japan ［J］. Corporate Governance：An International Review，2012，20（4）：369-387.

［96］Narjess B J. The impact of political connections on firms' operating performance and financing decisions ［J］. Journal of Financial Research，2012（1）.

［97］Ndofor H A，Sirmon D G，He X. Utilizing the firms resources：How TMT heterogeneity and resulting faultlines affect TMT tasks? ［J］. Strategic Management Journal，2015，36（11）：1656-1674.

［98］Oehmichen J, Schrapp S, Wolff M. Who needs experts most? Board industry expertise and strategic change—A contingency perspective ［J］. Strategic Management Journal, 2019, 38 (3) .

［99］Ou A Y, Seo J, Choi D, Hom P W. When can humble top executives retain middle managers? the moderating role of top management team faultlines ［J］. Academy of Management Journal, 2017, 60 (5): 1915-1931.

［100］Palmer T B, Wiseman R M. Decoupling risk taking from income stream uncertainty: A holistic model of risk ［J］. Strategic Management Journal, 1999, 20 (11): 1037-1062.

［101］Pearsall M J, Ellis A P J, Evans J M. Unlocking the effects of gender faultlines on team creativity: Is activation the key? ［J］. Journal of Applied Psychology, 2008, 93 (1): 225-234.

［102］Peteghem M V, Bruynseels L, Gaeremynck A. Beyond diversity: A tale of faultlines and frictions in the board of directors ［J］. Proceeding of the Royal Society of London, 2014, 184 (1074): 109-114.

［103］Phillips K W, Mannix E A, Neale M A, et al. Diverse groups and information sharing: The effects of congruent ties ［J］. Journal of Experimental Social Psychology, 2004, 40 (4): 497-510.

［104］Polzer J T, Crisp C B, Jarvenpaa S L. Extending the faultline model to geographically dispersed teams: How colocated subgroups can impair group functioning ［J］. Academy of Management Journal, 2006, 49 (4): 679-692.

［105］Porters A. Social capital: It's origins and applications in modern sociology [J]. Annual Review of Sociology, 1998, 24 (1): 1-24.

[106] Post C, Byron K. Women on boards and firm financial performance: A meta-analysis [J]. Academy of Management Journal, 2015, 58 (5): 1546-1571.

[107] Qu X, Liu X. Informational faultlines integrative capability and team creativity [J]. Group & Organization Management, 2017, 42 (6): 77-791.

[108] Richard O C, Wu J, Markoczy L A, Chung Y. Top management team demographic-faultline strength and strategic change: What role does environmental dynamism play? [J]. Strategic Management Journal, 2019, 40 (9): 987-1009.

[109] Rico R, Sánchez-Manzanares M, Antino M. Bridging team faultlines by combining task role assignment and goal structure strategies [J]. Journal of Applied Psychology, 2012, 97 (2): 407-420.

[110] Romano M, Cirillo A, Mussolino D. CEO career horizons & when to go public: The relationship between risk-taking, speed and CEO power [J]. Journal of management and governance, 2019, 23 (1): 139-163.

[111] Roussanov N, Savor P. Marriage and managers' attitudes to risk [J]. Social Science Electronic Publishing, 2015, 60 (10): 2496-2508.

[112] Rupert J, Blomme R J, Dragt M J. Being different, but close: How and when faultlines enhance team learning [J]. European Management Journal, 2016, 13 (4): 1-16.

[113] Salehi M, Naeini A A A, Rouhi S. The relationship between managers' narcissism and overconfidence on corporate risk-taking [J] . TQM Journal, 2020, ahead-of-print.

[114] Santacruz L, Johnson D T. Measures of firm risk-taking: Revisiting Bowman's paradox [J] . Managerial Finance, 2020, 46 (3): 421-434.

[115] Sawyer J, Houlette M, Yeagley E. Decision performance and diversity structure: Comparing faultlines in convergent, crosscut and racially homogeneous groups [J] . Organization Behavior and Human Decision Processes, 2006, 99 (1): 1-15.

[116] Schoelmirich F, Schermuly C C, Deller J. How leaders' diversity eliefs alter the impact of faultlines on team functioning [J]. Small Group Research, 2016, 47 (2): 178-206.

[117] Schjoedt L, Monsen E, Pearson A, Chrisman J J. New venture and family business and Teams: Understanding team formation, composition, behaviors, and performance [J]. Entrepreneurship Theory and Practice, 2013, 37 (1): 1-15.

[118] Seifoddini H K. Single linkage versus average linkage clustering in machine cells formation applications [J] . Computers & Industrial Engineering, 1989, 16 (3): 419-426.

[119] Shaw J B. The development and analysis of a measure of group faultlines [J] . Organizational Research Methods, 2004, 7 (1): 66-100.

[120] Shue K, Townsend R R. How do quasi-random option grants affect CEO risk-taking? [J] . Journal of Finance, 2017, 72 (6): 2551-2588.

[121] Simons T, Pelled L H, Smith K A. Making use of difference: Diversity, debate, and decision comprehensiveness in top management teams [J]. Academy of Management Journal, 1999, 42 (6): 662-673.

[122] Singh R, Chauhan Y, Jadiyappa N. Bankruptcy reform and corporate risk-taking: Evidence from a quasi-natural experiment [J]. Finance Research Letters, 2022, 47 (6).

[123] Spell C S, Bezrukova K, Haar J. Faultlines fairness and fighting: A justice perspective on conflict in diverse groups [J]. Small Group Research, 2011, 42 (42): 309-340.

[124] Tajfel H, Turner J C. Intergroup behavior [J]. Introducing social psychology, 1978 (1): 401-466.

[125] Tajfel H. Human groups and social categories: Studies in social psychology [M]. Cup Archive, 1981.

[126] Tajfel H. Some developments in European social psychology [J]. European Journal of Social Psychology, 1972.

[127] Tajfel H, Turner J C. The social identity theory of intergroup behavior [M] //S. Worchel and W. G. Austin (Eds.), Psychology of Intergroup Relations. Chicago: Nelson - Hall Publishers, 1986.

[128] Thatcher S M B, Patel P C. Group faultlines: A review, integration, and guide to future research [J]. Journal of Management, 2012, 38 (4): 969-1009.

[129] Thatcher S M B, Jehn K A, Zanutto E. Cracks in diversity research: The effects of diversity faultlines on conflict and performance [J]. Group Decision and Negotiation, 2003, 12 (3):

217-241.

[130] Thatcher S M B, Patel P C. Demographic faultlines: A meta-analysis of the literature [J] . Journal of Applied Psychology, 2011, 96 (6): 1119-1139.

[131] Thomas S, Bateman J, Crant M. The procative component of organizational behavior: A measure and correlates [J]. Journal of Organizational Behavior, 1993 (1): 103-118.

[132] Tian Y, Tuttle B M, Xu Y. Using incentives to overcome the negative effects of faultline conflict on individual effort [J]. Behavioral Research in Accounting, 2016, 28 (1): 67-81.

[133] Trezzini B. Probing the group faultline concept: An evaluation of measures of patterned multi – dimensional group diversity [J]. Quality & Quantity, 2008, 42 (3): 339-368.

[134] Tuggle C S, Schnatterly K, Johnson R A. Attention patterns in the boardroom: How board composition and processes affect discussion of entrepreneurial issues [J]. Academy of Management Journal, 2010, 53 (3): 550-571.

[135] Turner J C, Hogg M A, Oakes P J. Rediscovering the social group: A self-categorization theory [M] . Oxford: Basil Blackwell, 1987.

[136] Turner J C. Social categorization and self-concept: A social cognitive theory of group behavior [M] //Advances in Group Process: Theory and Research Greenwich, Connecticut: JAI Press, 1985: 77-121.

[137] Van Knippenberg D, Dawson J F, West M A. Diversity faultlines shared objectives and top management team performance

［J］. Human Relations，2011，64（3）：307-336.

［138］Van Knippenberg D，Schippers M C. Work group diversity［J］. Annual Review of Psychology，2007（58）：515-541.

［139］Van Knippenberg D. Unity through diversity：Value-in-diversity beliefs，work group diversity，and group identification［J］. Group Dynamics：Theory，Research，and Pratice，2007，11（3）：207-222.

［140］Van Knippenberg A D，De Dreu C K，Homan A C. Work group diversity and group performance：An integrative model and research agenda［J］. Journal of Applied Psychology，2004（89）：1008-1022.

［141］Van Peteghem M，Bruynseels L，Gaeremynck A. Beyond diversity：A tale of faultlines and frictions in the board of directors［J］. Accounting Review，2018，93（2）：339-367.

［142］Vandebeck A，Voordeckers W，Lambrechts F，Huybrechts J. Board role performance and faultlines in family firms：The moderating of formal board evaluation［J］. Journal of Family Business Strategy，2016，7（4）：249-259.

［143］Veltrop D B，Hermes N，Postma T J B M. A tale of two factions：Why and when factional demographic faultlines hurt board performance［J］. Corporate Governance an International Review，2015，23（2）：145-160.

［144］Wang G，Holmes R M，Oh I，Zhu W. Do CEOS matter to firm strategic actions and firm performance？A meta-analytic investigation based on upper echelons theory［J］. Personnel Psychology，2016，69（4）：775-862.

［145］Wiersema M F, Bantel K A. Top management team demography and corporate strategic change ［J］. Academy of Management Journal, 1992, 35（1）: 91-121.

［146］Williams K, O'Reilly C. Demography and diversity in organizations: A review 40 years research ［J］. Research in Organizational Behavior, 1998（20）: 77-140.

［147］Wright P, Kroll M, Krug J A. Influence of top management team on incentives on firm risk taking ［J］. Strategic Management Journal, 2007（28）: 81-89.

［148］Xie X Y, Wang W L, Qi Z J. The effects of TMT faultlines configuration on firms short term performance and innovation activities ［J］. Journal of Management and Organization, 2015, 21（5）: 558-572.

［149］Zajac E, Westphal J. Director reputation, CEO-board power, and the dynamics of board interlocks ［J］. Administrative Science Quarterly, 1996, 41（3）: 507-529.

［150］Zanutto E L, Bezrukova K, Jehn K A. Revisiting faultline conceptualization: Measuring faultline strength and distance ［J］. Quality and Quantity, 2011, 45（3）: 701-714.

［151］白彦杰. 市场周期、企业风险承担与企业价值 ［J］. 知识经济, 2019（19）: 110-112.

［152］曹红军, 肖国团. 高管团队断层线对企业绩效的非线性影响——基于 CEO 权变管理的研究视角 ［J］. 科技和产业, 2016, 16（1）: 131-140.

［153］车菲, 蒋艳, 王幸. 税收负担、风险承担与企业创新效率 ［J］. 中国注册会计师, 2021（12）: 55-61.

［154］陈慧，梁巧转，张悦．基于 Meta 分析的团队断裂研究：分类、效果与情境［J］．管理评论，2019（3）：116-130.

［155］陈梦媛．高管团队断层与决策绩效的关系研究——一个理论模型与相关研究命题［J］．东岳论丛，2016，37（11）：107-112.

［156］陈冉．董事会任期异质性与企业风险承担［D］．暨南大学，2020.

［157］陈伟宏，钟熙，宋铁波. TMT 异质性、期望落差与企业冒险变革行为［J］．科学学与科学技术管理，2018，39（1）：84-97.

［158］成泷．技术创新网络分裂断层对合作创新绩效的影响研究［D］．西安理工大学，2018.

［159］储小平．家族企业研究：一个具有现代意义的话题［J］．中国社会科学，2000（5）：51-58.

［160］邓陶然．高管团队断层与企业绩效的关系研究［D］．哈尔滨工业大学，2019.

［161］杜善重，马连福．连锁股东对企业风险承担的影响研究［J］．管理学报，2022，19（1）：27-35.

［162］范合君，杜博．多样化团队群体断裂带研究综述［J］．经济管理，2015，37（7）：182-190.

［163］高磊，晓芳，王彦东．多个大股东、风险承担与企业价值［J］．南开管理评论，2020，23（5）：124-133.

［164］耿新，王象路．独立董事网络嵌入对企业多元化战略的影响研究——冗余资源和环境不确定性的调节作用［J］．研究与发展管理，2021，33（5）：108-121.

［165］何邓娇，吕静宜．企业家过度自信、风险承担与创新

绩效［J］．新会计，2018（10）：10-14.

［166］何瑛，于文蕾，戴逸驰，王砚羽．高管职业经历与企业创新［J］．管理世界，2019，35（11）：174-192.

［167］胡胜男．高管团队群体断裂带、高管持股与企业绩效［D］．江西财经大学，2021.

［168］黄郑也．女性董事、内部控制质量与财务风险［D］．扬州大学，2021.

［169］姜莹莹．创新战略下高管团队断层对企业价值影响的实证研究［D］．哈尔滨工业大学，2017.

［170］景辉．企业内部控制与风险承担相关性研究［J］．商场现代化，2020（23）：106-108.

［171］李健，李宁宁，苑清敏．高新技术产业绿色创新效率时空分异及影响因素研究［J］．中国科技论坛，2021（4）：92-101.

［172］李楠博．本土情境下高管团队断裂带对企业绿色技术创新的影响［J］．科技进步与对策，2019，36（17）：142-150.

［173］李伟民，梁玉成．特殊信任与普遍信任：中国人信任的结构与特征［J］．社会学研究，2002（3）：11-22.

［174］李文贵，余明桂．所有权性质、市场化进程与企业风险承担［J］．中国工业经济，2012（12）：115-127.

［175］李小青，周建．董事会群体断裂带对企业战略绩效的影响研究——董事长职能背景和董事会持股比例的调节作用［J］．外国经济与管理，2015（11）：3-14.

［176］林明，戚海峰，鞠芳辉．国企高管团队任务断裂带、混合股权结构与创新绩效［J］．科研管理，2018（8）：26-33.

［177］林明，戚海峰，李兴森．混合所有制企业高管团队断

裂带对突破性创新绩效的影响：基于混合高管结构权力平衡的调节效应［J］．预测，2016，35（4）：15-21.

［178］刘海兵，王莉，肖强．促进还是阻碍？高管团队断层对技术创新的影响——基于中国民营制造业2014—2016年的经验证据［J］．海南大学学报（人文社会科学版），2018，36（4）：44-52.

［179］刘思琪．董事会断层与决策质量的关系及其影响机制研究［D］．南开大学，2018.

［180］卢太平，王慧．企业声誉对风险承担的影响：抑制还是促进［J］．财会月刊，2021（19）：41-47.

［181］栾茗乔．多维度团队断裂带、团队冲突不对称性与团队绩效［D］．对外经济贸易大学，2020.

［182］倪旭东，戴延君，姚春序，张宏．子团队：形成、类型、中间过程及影响［J］．心理科学进展，2015，23（3）：496-509.

［183］倪旭东，季百乐．团队断裂带：团队多样性研究的新视角——从单一指标到多重指标［J］．应用心理学，2017，23（3）：232-247.

［184］裘丽娅，王建中．企业生命周期、风险承担与企业价值［J］．郑州航空工业管理学院学报，2018，36（4）：52-60.

［185］尚洪涛，房丹．政府补贴、风险承担与企业技术创新——以民营科技企业为例［J］．管理学刊，2021，34（6）：45-62.

［186］孙玥璠，陈爽，张永冀．高管团队异质性、群体断裂带与企业风险承担［J］．管理评论，2019，31（8）：157-168.

［187］唐朝永，林琳，蔡瑞林．失败学习对衰落企业低成本

创新的影响：有调节的中介模型［J］．管理评论，2021，33（9）：97-109．

［188］汪沛，葛玉辉．TMT 断裂带对创新绩效的影响研究［J］．科技管理研究，2018（17）：23-28．

［189］王成城，颜惠虹，王月玥．高管团队断层对企业创新能力提升的影响和对策研究［J］．江苏科技信息，2014（12）：47-48+51．

［190］王端旭，薛会娟．多样化团队中的断裂带：形成、演化和效应研究［J］．浙江大学学报（人文社会科学版），2009，39（5）：122-128．

［191］王晓亮，蒋勇．高管团队激励分散度、企业风险承担与战略绩效研究［J］．财经理论与实践，2019，40（2）：106-111．

［192］王益民，王艺霖．双元战略与国际化绩效：企业能力的中介效应［J］．上海对外经贸大学学报，2020，27（5）：115-124．

［193］卫旭华，王傲晨，江楠．团队断层前因及其对团队过程与结果影响的元分析［J］．南开管理评论，2018，21（5）：139-149+187．

［194］魏月如．高管团队断裂带对变革型领导与企业绩效关系的调节作用［J］．领导科学，2018（14）：38-41．

［195］夏宁，王嘉茵．高管团队断层线对企业创新投入的影响研究［J］．会计之友，2020（7）：63-69．

［196］温忠麟，侯杰泰，张雷，刘红云．中介效应检验程序及其应用［J］．心理学报，2004，36（5）：614-620．

［197］肖翰．产业政策、企业风险承担状态与企业价值

［D］．中南财经政法大学，2018．

［198］谢小云，张倩．国外团队断裂带研究现状评介与未来展望［J］．外国经济与管理，2011，33（1）：34-42．

［199］徐炜，雷冠华．高管团队断裂带、CEO 权力距离与创新绩效［J］．首都经济贸易大学学报，2021，23（4）：99-112．

［200］严星，张毅．企业风险承担水平对环境绩效影响研究——基于高能耗上市公司的实证检验［J］．生态经济，2022，38（4）：145-153．

［201］杨俊，田莉，张玉利，王伟毅．创新还是模仿：创业团队经验异质性与冲突特征的角色［J］．管理世界，2010（3）：84-96．

［202］余明桂，李文贵，潘红波．管理者过度自信与企业风险承担［J］．金融研究，2013（1）：149-163．

［203］余鹏翼，敖润楠，陈文婷．CEO 年龄、风险承担与并购［J］．经济理论与经济管理，2020（2）：87-102．

［204］张耀伟，陈世山，曹甜甜．董事会断层、差异整合机制与投资决策质量研究［J］．南开管理评论，2021，24（2）：94-107．

［205］赵雪．基于核心企业的供应链融资及其风险研究［D］．河北经贸大学，2019．

［206］周建，李小青．董事会认知异质性对企业创新战略影响的实证研究［J］．管理科学，2012，25（6）：1-12．

［207］周涛．经济政策不确定性与企业风险承担的关系研究［J］．华北金融，2021（10）：1-13+74．

［208］周晓敏．高管变更、团队重构与企业绩效［D］．中

央财经大学，2019.

［209］周泽将，罗进辉，李雪. 民营企业身份认同与风险承担水平［J］. 管理世界，2019，35（11）：193-208.

附 录

一、群体断裂带测度方法汇总

群体断裂带概念提出至今，学术界对这一领域的关注度极高，一直在寻找测度方面的改进和突破，成熟的断裂带测度方法有 8 种，按时间顺序，分别是 Fau、Subgroup Strength、FLS、PMD_{cat}、Fau×D_e、F_k、LCCA 及 ASW，参考柳学信和黄晓芳（2019）的归纳，不同测度方法的公式及内涵归纳如附表 1 所示。

附表 1　群体断裂带测度方法

指标	公式	含义
Fau 指标 （Thatcher et al.， 2003）	$F_{au_g}=\dfrac{\sum_{j=1}^{p}\sum_{k=1}^{2}n_k^g(\bar{x}_{.jk}-\bar{x}_{.j.})^2}{\sum_{j=1}^{p}\sum_{k=1}^{2}\sum_{i=1}^{n_k^g}(\bar{x}_{ijk}-\bar{x}_{.j.})^2}$	p 表示人口统计学属性的个数，n_k^g 表示以第 g 种形式划分的子组 k 中成员的数量，$\bar{x}_{.jk}$ 表示第 k 组中第 j 个属性的平均值，$\bar{x}_{.j.}$ 表示第 j 个属性的平均值，$\bar{x}_{ijk}$ 表示第 k 组中第 i 个人的第 i 个属性值，F_{au_g} 指所有二分类中 F_{au} 的最大值先枚举一个群体按二分类断裂的所有可能性，计算所有属性群体和子组平均值，然后用子组成员与总体成员属性均值之差除以单个成员属性与总体属性之差

指标	公式	含义
Subgroup Strength 指标（Gibson et al., 2003）	$Subgroup\ Strength = SD$ $(\sum_k overlapX_{k,ij})$	$overlapX_{k,ij}$ 指在成员 i 和 j 中属性 k 的重叠度，重叠度的标准差决定子组间的差异大小。在测度整个团队同质性和异质性的基础上，通过总重叠度的标准差来衡量
FLS 指标（Shaw，2004）	$FLS = IAx(1-CGAI)$	IA 为分类属性的组内相似度，$1-CGAI$ 为组间差异性。组内相似性指子群内某属性的相似程度，组间差异性指某属性在子组间的差异程度。在开发组内和组间内部对齐指数的基础上，将两个指数进行组合
PMD_{cat} 指标（Trezzini，2008）	$PMD_{cat} = \sum_{i=1}^{n}\sum_{j=1}^{n}(p_i+p_j)p_ip_jd_{ij}$	p_i 和 p_j 分别指群体成员第 i 个属性和第 j 个属性的相对比例，其中 $\sum_{i=1}^{n}p_i=1$，$\sum_{j=1}^{n}p_j=1$；d_{ij} 指断层深度，$d_{ij}=d_{ji}$，$d_{ii}=0$ 断裂子组数相同，即 $p_1=p_2=0.5$，子组间最大程度互不相同，即 $d_{12}=d_{21}=1$，此时，团队的断裂程度最大
Fau×D_e 指标（Bezrukova，2009）	$Fau×D_e = \sqrt{\sum_{j=1}^{p}(\overline{x}_{1j.}-\overline{x}_{2j.})^2}$	$\overline{x}_{1j.}$ 和 $\overline{x}_{2j.}$ 分别指两个子组的属性集合中第 j 个属性的平均值。利用 F_{au} 算法确定断裂强度最大的两子群，基于欧式距离思想测度两子群间距离
F_k 指标（Van Knippenberg et al., 2011）	$F_k = \prod_{i=1}^{k}R_{x_i,\ |\ Allx\neq x_i|}$	$R_{x_i,\ |\ Allx\neq x_i|}$ 指变量 x_i 与其他变量的多重相关系数，若有 k 个属性则为 k 维断裂带。若仅有两个属性，F_k 指一个属性被另一个属性解释的程度，可用回归系数 R 或 R^2 表示。若有三个属性，$R_{y,xz}$ 不同于 $R_{z,xy}$ 和 $R_{x,yz}$），当 y 回归到 x 和 z 时，$R_{y,xz}$ 代表多重相关系数，仅当 $R_{y,xz}=R_{z,xy}=R_{x,yz}=1$ 时，会出现一个完整的三维断层线，这意味着三维属性完全重叠，任何一个变量都可由另外两个变量定义，因此，用 $R_{y,xz}×R_{z,xy}×R_{x,yz}$ 来测度三维断层线

指标	公式	含义
LCCA 指标 （Lawrence，2011）		首先，估计未限定模型，模型参数化；其次，增加限定的参数，并进行模型的参数估计，计算拟合优度；再次，通过模型识别，进行拟合优度与卡方差异检验可用 Loglikelihood（似然比检验）、AIC 和 BIC（信息评价指标）等适配检验指标来比较潜在类别模型的拟合度；最后，拟合优度评价，前边几个数值越小表示模型拟合得越好，并对潜在分类进行命名
ASW 指标 （Meyer et al.，2013）	$S(i)=\dfrac{b_i-a_i}{max(a_i,b_i)}$	a_i 为簇内不相似度，指个体 i 到同组其他个体的平均距离，b_i 为簇间不相似度，指个体 i 到其他组个体的平均距离，$S(i)$ 为正值，表明聚类效果好，$S(i)$ 为负值，表明聚类效果不好先用凝聚式层次聚类算法进行预聚类，再对团队成员的聚类效果进行评估

　　不同断裂带测度方法在数据处理、子组结构及精确度检验三个维度上各有优劣（柳学信和曹晓芳，2019）。如附表 2 所示。在数据处理方面，所有方法都计算可得，并能得到数值型结果，在对变量的处理方面，除 FLS 和 PMD_{cat} 指标（仅适用于分类变量）外，其他指标都能同时处理连续变量和分类变量。在子组结构方面，仅 ASW 指标能同时识别两个以上的子组，确定子组个数，揭示子组隶属关系，Fau 和 Fau×D_e 指标不能识别两个以上的子组，Subgroup Strength、FLS、PMD_{cat} 和 F_k 指标则是无法确定子组变量及揭示子组成员隶属关系。在精确度检验方面，所有指标对成员数量变动都很敏感，除 F_k 指标外，其他指标对缺失数据的包容性较强，但 ASW 指标能对子组分类结果进行检验。因

此，仅 *ASW* 指标满足断裂带测度应具备的所有理想属性，其他方法仍有改进空间。

附表 2　断裂带测度方法的综合比较

一级指标	数据处理			子组结构			精确度检验		
二级指标	数值型结果	分类 & 连续	计算可得	两个以上子组	确定子组数量	揭示小组成员	成员数量敏感性	缺失值包容性检验	分类的检验
ASW	√	√	√	√	√	√	√	√	√
Fau	√	√	√	×	√	√	√	√	×
Fau×D$_e$	√	√	√	×	√	√	√	√	×
Subgroup Strength	√	√	√	√	×	×	√	√	×
F$_k$	√	√	√	√	×	×	√	×	×
FLS	√	×	√	√	×	×	√	√	×
PMD$_{cat}$	√	×	√	√	×	×	√	√	×

在方法测度中，在单个维度上满足一个条件，这种方法在该维度上处于低等水平；在单个维度上满足两个条件，达到中等水平；在单个维度上满足三个条件，则达到高等水平。断裂带测度方法的评价体系由三个维度的高、中、低三个等级排列组合而成，共有 27 种可能性。如果按照三个维度数值型变量、结构型变量、精确度变量来表示，各种方法如附表 3 所示。*Fau*（高、中、中）、*Subgroup Strength*（高、低、中）、*FLS*（中、低、中）、*PMD$_{cat}$*（中、低、中）、*Fau×D$_e$*（高、中、中）、*F$_k$*（高、低、低）、*ASW*（高、高、高）。

　　三个维度中至少含有两个低的为低等水平断裂带测度方法，按中、中、低及高、中、低排列组合的为中等水平断裂带，至少含有两个高及按中、中、高排列组合的为高水平断裂带。整体来看，高水平断裂带测度指标包括 ASW、$Subgroup\ Strength$、Fau 和 $Fau \times D_e$，中等水平的断裂带测度指标包括 PMD_{cat}、F_k 和 FLS（柳学信和曹晓芳，2019）。

附表3　断裂带测度方法的评估结果

指标	数据处理	子组结构	精确度检验	综合评价
Fau	高	中	中	高
$Subgroup\ Strength$	高	低	中	高
FLS	中	低	中	中
PMD_{cat}	中	低	中	中
$Fau \times D_e$	高	中	中	高
F_k	高	低	低	中
ASW	高	高	高	高

一、断裂带理论观点

附表 4　断裂带研究中早期使用的理论观点综述

理论	理论简述	Murnighan's (1998)理论的延伸	引用的概念论文	引用的实证论文
社会身份认同理论	基于多维个体特征的群体成员关系会导致群体内的自我分类，从而使个体以牺牲性外群体为代价偏爱内群体（Tajfel and Turner, 1986）	N/A	Cramton 和 Hinds（2005）、Flache 和 Mäs（2008a, 2008b）、Lau 和 Murnighan（1998）、Rink 和 Jehn（2010）	Bezrukova 等（2007）、Earley 和 Mosakowski（2000）、Halevy（2008）、Kalbus（2000）、Kunze 和 Bruch（2010）、Thatcher 等（2003）
自我分类理论	一个人将自己视为一个社会类别中的一员，这对自我意识有影响，并导致其他人格解体和各种群体内以及群体外的身份	N/A	Flache 和 Mäs（2008a, 2008b）、Hambrick 等（2001）、Jehn 和 Rupert（2008）、Lau 和 Murnighan（1998）	Barkema 和 Shvyrkov（2007）、Choi 和 Sy（2010）、Jehn 和 Bezrukova（2010）、Lau 和 Murnighan（2005）、Li 和 Hambrick（2005）、Minichilli 等（2010）、Molleman（2005）、Pearsall 等（2008）、Polzer 等（2006）、Rico 等（2007）、Thatcher 等（2003）、Van Knippenberg 等（2011）

续表

理论	理论简述	Murnighan's (1998) 理论的延伸	引用的概念论文	引用的实证论文
最优差异理论 (ODT)	个人希望在社会群体内部和情况之间达到同化和区分的最佳平衡 (Brewer, 1991)	提供了为什么断裂带是在群体中的一个平衡结果的基本原理。如果独特的社会群体的社会成员认同和自我分类，那么独特的群体就会变得越来越支离破碎，断裂带可能无法维持。ODT 有助于了解为什么子群体没有进一步分解	Bezrukova 和 Uparna (2009)、Nishii 和 Goncalo (2008)、Rink 和 Jehn (2010)	Gibson 和 Vermeulen (2003)、Phillips 等 (2004)
分类细化模型	解释分类和细化效应如何影响群体在多样性方面的表现。它将自我分类理论与多样性研究中使用的信息/决策方法的预测相结合。因此，多样性对绩效既有积极的影响，也有消极的影响	解释断裂层如何可能促进积极的结果。细化内部多样与对子群的理解，分类加深了对子群体特征的理解，分类加深了对子群体间差异的理解。团队可以同时进行差异化和整合	Van Knippenberg 和 Van Ginkel (2010)	Bezrukova 等 (2010)、Gratton 等 (2007)、Homan 等 (2007a)、Tuggle 等 (2010)、Van Knippenberg 等 (2011)

续表

理论	理论简述	Murnighan's (1998) 理论的延伸	引用的概念论文	引用的实证论文
距离理论	一个群体相信其他群体（基于空间、时间或社会距离）是相似的	解释了考虑子群体间差异程度（如子群体间的差异）是相似性的重要性		Bezrukova 等 (2009)、Chrobot-Mason 等 (2009)、Gokakkar (2007)、Greer 和 Jehn (2007)、Homan 等 (2010)、Lau 和 Murnighan (2005)、O'Leary 和 Mortensen (2010)、Polzer 等 (2006)、Van Oudenhoven Van der Zee 等 (2009)、Zanutto 等 (2010)
交叉分类理论	多样性维度的交叉分类可能会减少子群体形成所需的强排列，从而通过减少冲突和加强信息细化，有助于加强群体功能	描述子群体之间的一些相似性如何在具有断裂带的群体中提供桥接效应。这种桥接效应可以帮助克服断裂带带来的负担，如增加沟通和协调成本		Cronin 等 (2011)、Hart 和 Van Vugt (2006)、Homan 等 (2007b)、Homan 等 (2008)、Kunze 和 Bruch (2010)、Sawyer 等 (2006)

附表 5　休眠型断裂带测量的实证操作

来源	断裂带强度	断裂带距离	测量描述	优势	不足
Thatche 等 (2003)	X		Thatcher 等的 Fau 指数：基于最强群体分裂的多变量聚类得出的比率	同时测量子群体内和子群体间向上的属性方差；可以使用不同尺度的测量方法；广泛使用的测量方法	对测量的尺度很敏感；将子群体的数量限制为两个
Gibson 和 Vermeulen (2003)	X		子群体强度：团队中不同属性对重叠的标准偏差	一个简单而直观的测量方法	没有考虑到 Lau 和 Murnighan (1998) 提出的多维排列；没有测量断裂带的数量或宽度；SD 可能不能反映协方差
Shaw (2004)			Shaw's FLS-Index：子群体内和子群体间对比的乘法函数	同时测量子群体间和子群体内的异质性	根据 Trezzini (2008) 的说法，当分布有偏差时，该测量是测量时的有偏差的
Barkema 和 Shyvrkov (2007)	X	X	潜在类分析	测量若干断裂带属性，如强度、距离、子群体的数量和子群体的分布	需要更大的团队规模，并可能导致小团队的结果不稳定
Trezzini (2008)	X	X	极化多样性指数：多维极化法；基于 Taylor 和 Rae (1969) 的 XC 模型：基于属性交叉分类	可以测量断裂带的几个属性，如子群体间差异、同质子群体的数量和子群体均匀程度；使用双向横断面关系来同时测试属性的对齐方式	群体大小有偏差；没有解决最大的团队力量；没有测量宽度；只能处理分类变量；连续的变量需要进行分类（可以是临时的）
Bezrukova 等 (2009)		X	多变量聚类分析使用欧氏距离之间的子群体的最强分裂距离	更简单、更直观地测量断裂带距离	受到基于聚类算法差异的变化的影响；对用于测量的尺度很敏感

续表

来源	断裂带强度	断裂带距离	测量描述	优势	不足
Zanutto 等 (2010)	X	X	总结了早期 Thatcher 等（2003）对断裂带强度的测量，并提供了断裂带距离的描述方法（Bezrukova et al., 2009）	一种基于传统聚类分析的易于使用的度量方法	不同的聚类算法可能导致不同的度量；对用于测量的尺度很敏感
Lawrence 和 Zyphur (2011)	X		从群体层次到组织层次，潜在类聚类分析可用于识别组织层次的子群体	比传统的聚类分析更稳健；帮助识别个体群体成员；可以识别出多个子群体	需要较大的群体样本（>30个成员）；组织层面的断裂带并不直接关系到微观层面的理论命题 Murnighan (1998)
Van Knippenberg 等 (2011)	X		多样性属性的收敛程度；基于 n 个属性中的 n-1 个属性对解释方差（R^2）的循环估计的乘法的操作化	扩展了 Shaw（2004）对断裂带的测量，以适应连续的和分类的属性；提供从 0（无断裂带）到 1（完整断裂带）的直观测量	这些估计是基于其二维度的数量和属性之间的人为关联（如年龄越大，任期越长）；需要 R^2（连续度量）和伪 R^2 值的混合，通过剩余属性预测方差的潜在内生性
Jehn 和 Bezrukova (2010)	X		一种基于量表的测量方法，包括量表项目和开放式问题，询问小组成员在多大程度上根据人口统计一致性感知不同的子群体	现有的断裂带测量侧重于其休眠性质，而不考虑群体成员的看法	易受被调查者偏见和社会期望偏见的影响

附表 6　断裂带的实验操作

来源	举例	操作过程	优势	劣势
断裂带强度	每组分配两名白人女性和两名亚洲男性	根据创建断裂带强度所需的标准将一组，如随机分配两名白人女性和两名亚洲男性到每个组，以创建基于性别和种族的断裂带	操纵检查确保能感知到断裂带；处理和结果在时间和背景上的邻近性，确保了背景的有效性	根据群体生命周期理论，可能没有足够的时间让行为反映断裂带；大多数研究是在大学环境中进行的，在大学环境中，行为规范是具有传染性的，因此可能会减弱或加剧断裂带的影响
断裂带距离	每组分配两名年轻女性和两名年长男性	根据增加断裂带距离所需的标准给一组，如根据性别和年龄随机分配两名年长女性和两名年轻男性，以根据性别和年龄增加断裂带距离	操作检查可确保可以感知到断裂带；在处理和结果中的时间和背景的邻近性确保了背景的有效性	群体成员可能对断层距离有不同的看法；在实验室研究中，可能没有足够的时间让子群体距离来影响其相互作用

三、国外团队断裂带今后的研究展望

首先，回顾 Lau 和 Murnighan（1998）[①] 的一些尚未经过实证检验的原始命题；其次，讨论建立在现有发现基础上的未来研究的可能性，包括扩展断裂带的概念和改进断裂带的测量方法；最后，探讨如何将断裂带与其他文献中的研究联系起来，如领导力、国际研究和战略管理。

（一）目前被忽视的研究机会

1. 意义建构

最初"意义建构"的概念没有出现在断裂带概念的文献中。对此，Lau 和 Murnighan（1998）[②] 解释说，当被赋予一项特定任务时，强而清晰的断裂带应该会导致"更短的意义建构过程"，因为子群体成员有共同的思维模式。尽管研究人员在实验环境中操控断裂带使其更活跃（Homan et al.，2008[③]；Zanutto et al.，2010[④]），但尚不清楚通过子群体和群体层面的惯例和交流，如何

①② Lau D C, Murnighan J K. Demographic diversity and faultlines: The compositional dynamics of organizational groups [J]. Academy of Management Review, 1998, 2: 325-340.

③ Homan A C, Hollenbeck J R, Humphrey S E, Van Knippenberg D, Ilgen D R, Van Kleef G A. Facing differences with an open mind: Openness to experience, salience of intragroup differences, and performance of diverse work groups [J]. Academy of Management Journal, 2008 (51): 1204-1222.

④ Zanutto E L, Bezrukova K, Jehn K A. Revisiting faultline conceptualization: Measuring faultline strength and distance [J]. Quality and Quantity, 2010, 45 (3): 1-14.

发展、加强或减弱意义建构过程。此外，在强断裂带和弱断裂带群体中，关于意义建构的概念需要更多的关注，鼓励在有断裂带的群体中进行实验和实地研究，进行意义建构的评估。

2. 断裂带属性对齐的清晰度

由于断裂带研究人员将注意力集中在断裂带强度构造上，因此尚未对断裂带属性对齐清晰度进行研究。Lau 和 Murnighan（1998）① 没有就属性对齐清晰度进行定义，但认为属性对齐清晰度是对特定特征的对齐明确的程度。例如，当存在基于性别的子群体时，属性对齐清晰度就存在了，因为所有群体成员都是女性或男性。

个体具有多重身份结构（如性别、教育程度、年龄、组织、家庭角色），许多个体具有跨界属性（如混血儿、第二代移民、双重国籍、多学科职能经验）。研究者或子群成员对属性的具体表征改变了断裂带存在或被感知存在的程度。例如，将混血女性（如亚洲人和白种人）分类为亚洲人可能会产生一种断裂带构造，而将同一女性分类为白种人可能会产生不同的断裂带构造。许多混血儿认为他们完全属于一个单独的类别，类似于一个混合分类（Benet-Martinez et al.，2002）②。

此外，个人有一定的自我概念和身份动机，导致他们认同特定的群体（Cooper and Thatcher，2010）③。例如，一个具有集体自我概念的个体可能渴望与整体群体有强烈的认同（如选择识别

---

① Lau D C, Murnighan J K. Demographic diversity and faultlines: The compositional dynamics of organizational groups [J]. Academy of Management Review, 1998, 2: 325-340.

② Benet-Martinez V, Leu J, Lee F, Morris M W. Negotiating biculturalism: Cultural frame switching in biculturals with oppositional versus compatible cultural identities [J]. Journal of Cross-Cultural Psychology, 2002 (33): 492-516.

③ Cooper D, Thatcher S M B. Identification in organizations: The role of self-concept orientations and identification motives [J]. Academy of Management Review, 2010, 35: 516-538.

为"混血儿"），而一个具有关系自我概念的个体可能会感到被迫接受子群体识别（如选择识别为亚洲人或白种人）。因此，属于同一群体的个体会经历不同的断裂带的影响。具有个体内职能多样性增加的群体（如具有会计和操作经验的个体）可能会经历类似的对齐问题。因此，未来的研究人员可以从概念和经验上区分高类别重叠的断裂带群体和低类别重叠的断裂带群体。个体属性分类的有限清晰度可能导致较弱的断裂带，并且这些个体可以作为跨子群体的桥梁（如交叉分类），以帮助克服断裂带导致的协调和沟通成本。

3. 随时间变化的断裂带

人口断裂带的显著性将随着时间的推移而减少，因为长期群体克服了断裂带强度的负担，这一命题尚未得到充分考察。Gratton 等（2007）[①] 的观察部分支持了这一命题，他们描述了最初在表面特征（性别、年龄）上有断裂带，后来在 A 型人格属性上发展断裂带的群体。虽然人口统计学特征变得不显著，但随着时间的推移，断裂带却在其他属性的基础上形成了。先前对不同群体的研究表明，在群体进化过程中，表面和深层的多样性可能会对断裂带的性质产生暂时的偶然影响（Harrison et al.，2002）[②]。然而，目前还没有系统的子群体形成的纵向研究，描述最初休眠的断裂带如何触发一个活跃的断裂带，然后随着时间的推移而改变或保持不变。或者，最初不存在的断裂带可能随着时间的推移而发展，因为群体成员意识到深层多样性属性导致的差异。这类

---

① Gratton L，Voigt A，Erickson T J. Bridging faultlines in diverse teams［J］. MIT Sloan Management Review，2007，48（4）：22-29.

② Harrison D，Price K H，Gavin J H，Florey A T. Time，teams，and task performance：Changing effects of surface- and deep-level diversity on group functioning［J］. Academy of Management Journal，2002，45：1029-1045.

研究非常需要开展。

4. 权力

关于断裂带的大部分研究都是考察人口断裂带是如何影响群体的过程和结果。这些研究假设如果人口统计属性对齐结果为同质子群体，则子群体具有相等的权力。O'Leary 和 Mortensen（2010）[①] 证明了子群体规模的不对称性会影响资源和能力的分布。两个子群体之间不对称的增加导致了群体认同的差异、交互记忆的有限发展、冲突的增加和更大群体之间的低协调性。

未来的研究人员需要考虑到研究的背景，并更明确地理解权力动态。假如在一个群体 A 中，我们看到一个强断裂带的存在，导致了按性别、职能背景和经验被划分成两个子群体。可以认为，这个群体所在的组织具有非常重视工程技能的组织文化。利用目前的断裂带理论，可以预测这些子群体拥有同等的权力，但目前使用的强度和距离测量方法都没有捕捉到团体 A 中工程师子群体相对于营销人员子群体的隐含权力。而且还不清楚与这类群体相关的结果是积极的还是消极的。一方面，低权力的子群体可能对团队决策贡献不大，从而降低绩效；另一方面，如果低权力子群体服从于高权力子群体，这种类型的群体可能会产生积极的群体结果。在后一种情况下，断裂带的负面影响被避免了（如群体过程更积极），而子群体身份的积极影响是存在的（如经验不足的营销人员从他们作为低权力子群体的共同经历中获得安慰）。在一个社会中给予种族和性别的地位，也可以得出类似的论点。

5. 成员的进入和退出

新成员进入群体是未来可以研究的另一个领域。了解新成员

---

① O'Leary M B, Mortensen M. Go（con）figure：Subgroups, imbalance, and isolates in geographically dispersed teams [J]. Organization Science, 2010, 21：115-131.

进入基于断裂带的子群体是否有任何可扩大的影响很重要。Sum-mers 等（2012）[①] 提出，群体成员的变化会导致群体协调、角色变动和信息传递的变化。Flache 和 Mas（2008a）[②] 的研究表明，强断裂带的影响取决于群体成员第一次与其他群体成员互动的时间；对此的实证检验将非常有趣。随着群体成员的变化，子群体身份或跨群体分类的层次可能会发生显著变化。另外，基于新成员特征与现有群体成员特征的相对距离，ODT（最优差异理论）和 CEM（分类细化模型）所描述的机制可以加强或减轻断裂带动态。成员的进入和退出也可能改变群体的特征，这些特征与群体的大小、子群体的均匀性和子群体的数量有关，从而导致潜在的不同断裂带组成。这一领域的未来研究有助于了解引入新成员或失去老成员如何改变断裂带组成并影响群体过程。

总的来说，虽然断裂带文献通过整合其他理论（如 ODT、CEM）和发展断裂带的测量方法在理论方面取得了长足的进步，但在检验和扩展 Lau 和 Murnighan（1998）[③] 的一些原始命题方面仍有很大的研究潜力。

（二）目前的发现和它们所提供的研究机会

1. 断裂带的激活和进化

一些研究人员已经考察了休眠型和激活型断裂带对群体过程

---

① Summers J K, Humphrey S E, Ferris G R. Team member change, flux in coordination, and performance: Effects of strategic core roles, information transfer, and cognitive ability [J]. Academy of Management Journal, 2012, 55（2）2: 314-338.

② Flache A, Mas M. How to get the timing right. A computational model of the effects of the timing of contacts on team cohesion in demographically diverse teams [J]. Computational & Mathematical Organization Theory, 2008a, 14: 23-51.

③ Lau D C, Murnighan J K. Demographic diversity and faultlines: The compositional dynamics of organizational groups [J]. Academy of Management Review, 1998, 2: 325-340.

和结果的影响（Jehn and Bezrukova, 2010[①]; Zanutto et al., 2010[②]）。自我分类理论和社会认同理论都适应于休眠型断裂带和激活型断裂带，但在激活型断裂带的情况下，身份显著性成为解释断裂带如何影响群体的重要机制（Homan et al., 2008[③]; Meyer et al., 2011[④]）。Flache 和 Mas（2008b）[⑤] 表明，强的意见分歧可能导致断裂带的活跃。Rink 和 Jehn（2010）[⑥] 认为，断裂带的显著性可能取决于基于类别的识别对群体成员自尊的重要程度。定量聚合的结果显示了休眠型断裂带和激活型断裂带对群体冲突、绩效和满意度影响的相似结果模式。这表明休眠型断裂带和激活型断裂带都会影响群体的过程和结果。然而，因为大多数考察休眠型断裂带的研究都在实地进行，而大多数考察激活型断裂带的研究都在实验室开展，或者是在学生群体中进行（Thatcher and Patel, 2011）[⑦]，目前仍然不能很好地理解激活型断裂带对正在进行的工作群体的影响方式与休眠型断裂带有何不同。

---

① Jehn K A, Bezrukova K. The faultline activation process and the effects of activated faultlines on coalition formation, conflict, and group outcomes [J]. Organizational Behavior and Human Decision Processes, 2010（112）: 24-42.

② Zanutto E L, Bezrukova K, Jehn K A. Revisiting faultline conceptualization: Measuring faultline strength and distance [J]. Quality and Quantity, 2010, 45（3）: 1-14.

③ Homan A C, Hollenbeck J R, Humphrey S E, Van Knippenberg D, Ilgen D R, Van Kleef G A. Facing differences with an open mind: Openness to experience, salience of intragroup differences, and performance of diverse work groups [J]. Academy of Management Journal, 2008（51）: 1204-1222.

④ Meyer B, Shemla M, Schermuly C C. Social category salience moderates the effect of diversity faultlines on information elaboration [J]. Small Group Research, 2011（42）: 257-282.

⑤ Flache A, Mas M. Why do faultlines matter? A computational model of how strong demographic faultlines undermine team cohesion [J]. Simulation Modeling Practice and Theory, 2008b, 16: 175-191.

⑥ Rink F A, Jehn K A. How identity processes affect faultline perceptions and the functioning of diverse teams [M] //R. Crisp（Ed.）, Psychology of social and cultural diversity. Malden, MA: Wiley-Blackwell, 2010: 281-296.

⑦ Thatcher S M B, Patel P C. Demographic faultlines: A meta-analysis of the literature [J]. Journal of Applied Psychology, 2011, 96（6）: 1119-1139.

断裂带研究人员可以借鉴关于群体进化（Palla et al.,
2007）① 或网络进化（Doreian and Stokman，1997）② 的文献来研
究群体中的断裂带进化。网络进化的观点可以从微观的角度来说
明子群体的形成，以解释子群体的个体如何一致形成"竞争"网
络（Doreian and Stokman，1997）③。个体可能以二人组、三人组
和小团体的形式组成子群体，这种连续的过程可以帮助理解导致
断裂带发展的过程。来自网络团体形成的方法可以进一步说明个
体结盟随时间变化的微观过程（Provan and Sebastian，1998）④。
此外，网络团体还可以解释子群体如何通过潜在的内部规范和惯
例来限制子群体内的流动性。

2. 断裂带的触发因素

另一个有趣的研究领域是断裂带触发因素。Chrobot-Mason
等（2009）⑤ 严谨的定性研究提出了五类触发因素，分别是差别
待遇、不同的价值观、同化、侮辱或羞辱行为和简单接触。未来
的研究可以探索某些触发因素对群体的伤害程度。不同的触发因
素也可能以不同的方式影响子群体和整个群体。虽然接触可能导
致相对较浅的断裂带，这很容易克服，但差异化处理可能导致高
强度、高距离的断裂带，使它们难以克服。另一个探索领域是触
发因素对两个子群体有同等影响的程度。例如，冒险的决定可能
会触发现有的基于年龄的断裂带，因为老年人往往更倾向于规避

---

① Palla G，Barabási A L，Vicsek T. Quantifying social group evolution ［J］. Nature，2007
（446）：664-667.

②③ Doreian P，Stokman F N. Evolution of social networks ［M］. New York：Routledge，1997.

④ Provan K G，Sebastian J G. Networks within networks：Service link overlap，organizational
cliques，and network effectiveness ［J］. Academy of Management Journal，1998（41）：453-463.

⑤ Chrobot-Mason D，Ruderman M N，Weber T J，Ernst C. The challenge of leading on unstable
ground：Triggers that activate social identity faultlines ［J］. Human Relations，2009（62）：1763-1794.

风险。此外，了解从已经存在的激活型断裂带开始的群体之间是否存在差异将会很有趣（如具有不同利益的谈判各方，合并公司的双方（Hambrick et al.，2001）[①] 以及最初没有断裂带但经历触发（如风险决策）的群体。

3. 团队的情境

随着虚拟团队、技术和远程办公的增加，研究人员需要考虑在上述深层次、信息性和表层属性之外的属性周围形成断裂带的可能性。Polzer 等（2006）[②] 发现，当虚拟团队由于时区差异而难以找到共同的沟通时间时，就会触发激活型断裂带。虽然 Earley 和 Mosakowski（2000）[③] 没有明确地研究断裂带，但他们对团队的研究揭示了基于位置的子群体的形成。地理位置的差异不仅会给沟通带来挑战，还会导致假设、偏好、文化、信息获取和限制方面的差异（Cramton and Hinds，2005[④]；Gokakkar，2007[⑤]；Zimmermann，2011[⑥]）。在一个地方被理解的情境（如冗长的商务午餐）可能会被其他地方的团队成员误解（如由于缺乏对传统工作结构的理解而归咎于懒惰）。随着虚拟团队变得越来越普遍，

---

① Hambrick D C, Li J, Xin K, Tsui A S. Compositional gaps and downward spirals in international joint venture management groups [J]. Strategic Management Journal, 2001 (22): 1033-1053.

② Polzer J T, Crisp C B, Jarvenpaa S L, Kim J W. Extending the faultline model to geographically dispersed teams: How colocated subgroups can impair group functioning [J]. Academy of Management Journal, 2006 (49): 679-692.

③ Earley P C, Mosakowski E. Creating hybrid team cultures: An empirical test of transnational team functioning [J]. Academy of Management Journal, 2000 (43): 26-49.

④ Cramton C D, Hinds P J. Subgroup dynamics in internationally distributed teams: Ethnocentrism or cross-national learning [J]. Research in Organizational Behavior, 2005 (26): 231-263.

⑤ Gokakkar R. Effects of social identity processes on coordination and knowledge sharing in geographically distributed software teams [J]. Journal of Information & Knowledge Management, 2007 (6): 281-296.

⑥ Zimmermann A. Interpersonal relationships in transnational, virtual teams: Towards a configurational perspective [J]. International Journal of Management Reviews, 2011 (13): 59-78.

基于地理、文化、时区和语言的断裂带的发展潜力也在增加。

此外，反映在时间偏好、技术使用和沟通偏好方面的工作价值观作为断裂带的基础进行研究可能很有趣。例如，与基于人口统计属性的断裂带相比，产生一个更喜欢提前完成工作的子群体和一个更喜欢在截止日期前完成工作的团队成员的子群体的断裂带可能对团队过程和结果更有害。

断裂带也可能是由于获得工作场所项目的不平等机会造成。例如，Gokakkar（2007）[1] 发现，与个体流动性的选择不存在时相比，个体流动性选择（旋转到其他子群体）导致基于位置的断裂带和知识共享之间的负相关关系更弱。另一个例子是远程办公。研究人员已经表明，远程办公或通过技术在家庭/办公室以外的地方工作，会导致同事们对不公正的看法（Thatcher and Bagger，2011）[2]。基于对不公正的认知而形成的断裂带可能会对团队产生极其负面的影响。此外，行业环境会影响工作需求和压力源，而工作需求和压力源反过来又会影响在不确定性下增加的归属感需求。例如，工作类型可能是断裂带—结果关系的重要调节变量；从事护理、医疗、警务和指挥塔调度等压力性工作的群体可能受益于断裂带子群体中发现的积极社会支持和认知整合。一些学者认为，对于需要心理安全感的结果（如创造力），断裂带可能是有益的（Bezrukova and Uparna，2009）[3]。

① Gokakkar R. Effects of social identity processes on coordination and knowledge sharing in geographically distributed software teams [J]. Journal of Information & Knowledge Management, 2007 (6): 281-296.

② Thatcher S M B, Bagger J. Working in pajamas: Telecommuting, unfairness sources, and unfairness perceptions [J]. Negotiation and Conflict Management Research, 2011 (4): 248-276.

③ Bezrukova K, Uparna J. Group splits and culture shifts: A new map of the creativity terrain [J]. Research on Managing Groups and Teams, 2009 (12): 163-193.

4. 测量问题：应该使用哪种测量方法？

考虑到断裂带强度测量的多样性，未来的研究可能侧重于测量的相对比较。集中于断裂带强度的共同测量将增加断裂带研究的可靠性和有效性，并从概念和测量的角度确保围绕断裂带的一致性。使用一个共同的数据集，未来的研究可以使用最常用的测试断裂带的前因和后果来评估断裂带测量法理的有效性。这些研究可以评估某些断裂带强度指标在多大程度上解释结果。

诸如子群体大小、子群体数量和子群体中的个体成员资格等测量可以纳入未来的研究。虽然潜在类别方法很容易提供这样的测量，但它们在小群体的环境中不太适用，因为潜在类别方法需要至少30个成员（Nylund et al.，2007）[1]。用于开发断裂带强度或距离的测量基于聚类分析的方法的替代方案是在基因微阵列研究中使用的方法。微阵列分析侧重于从极少量的对象中研究大量的属性（Allison et al.，2006）[2]。解决来自少数成员的若干属性的存在可能有助于开发这种断裂带的测量。当单个属性的数量大于组成员的数量时，传统的聚类分析方法的有效性可能有限（Dupuy and Simon，2007）[3]。微阵列分析方法可能特别有用，因为学者们开始研究个体间的人口统计学和人格属性，这些属性一直是人们关注的中心。

---

[1] Nylund K L, Asparouhov T, Muthén B O. Deciding on the number of classes in latent class analysis and growth mixture modeling: A Monte Carlo simulation study [J]. Structural Equation Modeling, 2007, 14 (4): 535-569.

[2] Allison D B, Cui X, Page G P, Sabripour M. Microarray data analysis: From disarray to consolidation and consensus [J]. Nature Reviews Genetics, 2006 (7): 55-65.

[3] Dupuy A, Simon R M. Critical review of published microarray studies for cancer outcome and guidelines on statistical analysis and reporting [J]. Journal of the National Cancer Institute, 2007 (99): 147-157.

5. 测量问题：断裂带深度

除断裂带强度和距离外，未来需要考虑的另一个维度是断裂带深度。虽然断裂带强度和距离与一个二维平面有关，但断裂带深度是指一个子群体中的平均属性协方差。断裂带强度是指属性之间的对齐程度；断裂带距离是指各子群体之间的离散度；断裂带深度是指子群体内属性之间的对齐程度。例如，Minichilli 等（2010）① 探讨了家族企业高层管理团队成员之间的断裂带。有家庭成员的子群体很可能有多个重叠的排列（如兄弟、叔叔、经理），从而形成一个整合的子群体（Sharma and Irving，2005）② 和很大的断层深度。非家庭成员子群体的对齐可能在对齐的属性之间有微弱的协方差，并可能集中于区分自己与基于家族的子群体。换言之，一个非家庭的子群体成员可能会觉得自己与以家庭为基础的子群体成员有很大的不同，因此可能不会对自己的子群体产生强烈的认同感。为了可视化断层线深度，在群体表面下取一个横断面视图，并想象对齐属性之间的协方差。协方差的平均值表示子群体的深度或浅度。在检查断裂带深度时，一个子群体可能很深，另一个子群体可能很浅，从而导致子群体内和子群体间的动态变化的不同。

6. 测量问题：属性之间的依赖关系

更广泛的断裂带文献中的一个关键假设是断裂带属性是相互独立的。这种假设并不总是正确的。例如，年龄较大的人可能比年轻人有更多年的相关工作经验和更长的组织任期。或者，由于

① Minichilli A，Corbetta G，MacMillan I C. Top management teams in family-controlled companies："Familiness,""faultlines," and their impact on financial performance ［J］. Journal of Management Studies，2010（47）：205-222.

② Sharma P，Irving P G. Four bases of family business successor commitment：Antecedents and consequences ［J］. Entrepreneurship Theory and Practice，2005（29）：13-33.

劳动力市场的不完善，女性和少数族裔可能有较短的组织任期或工作经验。显然，由于不考虑跨属性的依赖关系，单个属性对断裂带强度的影响被高估了，它们对团队绩效和团队过程的后续影响也可能被高估。学者建议未来的大群体研究使用潜在类聚类分析中的局部依赖等方法来控制这种相互依赖性（Clogg，1995）[①]。微阵列方法还可以为控制小群体中属性的相互依赖提供指导。

（三）断裂带概念的拓展

1. 断裂带的积极影响

与"多样性价值"假说一样，断裂带也被认为可能有积极的影响。Bezrukova 和 Uparna（2009）[②] 提出了一个概念性的论点，认为断裂带可能导致更多的创造力。Gibson 和 Vermeulen（2003）[③] 发现，适度的子群体会促进群体学习。Bezrukova 等（2010）[④] 发现，当群体中有较强的基于信息的子群体时，团队认同可以提高绩效。Bezrukova 等（2010）[⑤] 和 Spell 等（2011）[⑥] 发现，强断裂带调节了感知到的不公正与个人结果之间的关系，这表明由子群体提供的心理支持对个人有积极的好处。Thatcher 和 Patel（2011）[⑦] 发现，尽管强断裂带会导致低水平的绩效和满意

---

① Clogg C C. Latent class models［M］//Arminger G，Clogg C C，Sobel M E.（Eds），Handbook of statistical modeling for the social and behavioral sciences. New York：Plenum，1995：311–359.

② Bezrukova K，Uparna J. Group splits and culture shifts：A new map of the creativity terrain［J］. Research on Managing Groups and Teams，2009（12）：163–193.

③ Gibson C，Vermeulen F. A healthy divide：Subgroups as a stimulus for team learning behavior［J］. Administrative Science Quarterly，2003（48）：202–239.

④⑤ Bezrukova K，Spell C，Perry J. Violent splits or healthy divides? Coping with injustice through faultlines［J］. Personnel Psychology，2010（63）：719–751.

⑥ Spell C S，Bezrukova K，Haar J，Spell C. Faultlines，fairness，and fighting：A justice perspective on conflict in diverse groups［J］. Small Group Research，2011（42）：309–340.

⑦ Thatcher S M B，Patel P C. Demographic faultlines：A meta-analysis of the literature［J］. Journal of Applied Psychology，2011，96（6）：1119–1139.

度，但断裂带对满意度的影响小于对绩效的影响。总的来说，这些发现表明，子群体结构可能对个人、子群体和群体都有一些好处。导致断裂带积极效应的条件是，存在明确的劳动分工或需要有竞争力的子群体。研究者需要开发和测试断裂带模型，以检验断裂带的潜在积极影响。

2. 子群体的识别

另一个值得探索的问题是子群体识别在断裂带的创建或激活中的作用。尽管自我分类理论、社会认同理论和最优独特性理论是断裂带的理论基础，但重要的是要考虑个人实际认同的程度，以确定断裂带是否存在，如 CEM 所述（Van Knippenberg et al.，2004）①。个体可能强烈认同自我的某一方面，也可能不认同某一方面，或者对某一方面有中立的认同（Elsbach and Bhattacharya，2001）②。在具有个体内部交叉特征的个体中，潜在的识别机会变得非常有趣。可以设想，一个六人小组由三个亚洲人、两个美洲原住民和一个混血儿组成（亚裔和美洲原住民）。可能存在三种潜在的种族断裂带情况：①一条强断裂带，导致两个每个三人的子群体（混血儿与印第安人一致）；②一条强断裂带形成两个子群，其中一个由四人组成的子群体和一个由两人组成的子群体（混血儿与亚洲人）；③一条强断裂带和一条弱断裂带导致三个子群体（亚洲人群体三个，印第安人群体两个，混血儿群体一个）。在第三种情况下，混血儿没有与任何一个子群体保持一致，这可能会成为一个交叉点，从而使种族断裂带失效。

---

① Van Knippenberg D, De Dreu C K W, Homan A C. Work group diversity and group performance：An integrative model and research agenda [J]. Journal of Applied Psychology, 2004 (89)：1008-1022.

② Elsbach K D, Bhattacharya C B. Defining who you are by what you're not：Organizational disidentification and the National Rifle Association [J]. Organization Science, 2001 (12)：393-413.

如果许多人是混血儿，年龄不再决定一个人的机会，性别角色越来越模糊。此外，个人可能有多种教育和职能经验，具有多个学位或许多不同工作经验的个人可能会影响断裂带的配置以及特定断裂带将被激活的程度，个人在组织中与其他人一起工作，这些人可能是配偶、孩子、亲戚或朋友。正如 Minichilli 等（2010）[①] 所发现的，双重角色身份（如同事、配偶）和这些身份的突出性可能会影响断裂带配置和这些配置的强度。虽然 Lau 和 Murnighan（1998）[②] 使用社会认同和自我分类理论来解释断裂带的激活，但对个人的认同倾向理解可以帮助研究人员更好地预测激活型断裂带可能在哪里形成。

3. 跨越子群体的不对称感知

基于强断裂带的团队的核心思想是，子群体相对同质（Lau and Murnighan，1998）[③]。基于这种子群体的同质性，断裂带研究人员假设这些子群体对基于团队的互动有相似的看法。例如，研究人员假设两个基于断裂带的子群体在团队互动中会有类似的冲突经历。然而，Jehn 等（2010）[④] 在他们关于冲突不对称的研究中发现，团队成员对冲突的感知存在差异，感知的不对称对个人和群体的结果都有影响。不对称也可能与子群体有关。子群体对冲突的认知不对称可能导致子群体之间强烈的怨恨和沮丧，使有

---

① Minichilli A，Corbetta G，MacMillan I C. Top management teams in family-controlled companies："Familiness," "faultlines," and their impact on financial performance ［J］. Journal of Management Studies，2010（47）：205-222.

②③ Lau D C，Murnighan J K. Demographic diversity and faultlines：The compositional dynamics of organizational groups ［J］. Academy of Management Review，1998，2：325-340.

④ Jehn K A，Rispens S，Thatcher S M B. The effects of conflict asymmetry on work group and individual outcomes ［J］. Academy of Management Journal，2010（53）：596-616.

效的沟通变得困难（O'Leary and Mortensen，2010）[①]。当一个子群体没有感知到冲突时，试图解决另一个子群体感知到的冲突可能不会被认真对待。未来的研究应考虑到基于断裂带的子群体具有不对称感知的程度，并考察这些不对称可能影响结果的程度。

（四）断裂带与其他文献的交叉

虽然有许多文献可能受益于断裂带研究的整合，但不可能将它们全部包括在这里。相反，学者们主要关注领导力、国际研究和战略管理三个领域。这三个研究领域都为多层次的研究提供了机会，将断裂带的边界推到共同定位的工作团队之外。在群体层面，领导者可以在管理断裂带方面发挥关键作用，以增加绩效和减轻过程损失。或者，在国际研究、全球层面和行业层面的战略管理中使用断裂带的概念，可以帮助文献超越其最初的群体层面的焦点。

1. 领导力

对于领导力的研究者来说，有几个潜在的路径来研究断裂带和领导力的交叉点。例如，Kearney 和 Gebert（2009）[②] 证明了某些形式的领导可以帮助不同的团队有效地合作。同样，领导力似乎是断层—结果关系的有效调节者。Gratton 等（2007）[③] 提供了一些轶事证据，表明任务取向型领导和关系取向型领导应该根据出现断裂带的概率而改变。当存在潜在的断裂带时，在新成立的

[①]　O'Leary M B, Mortensen M. Go（con）figure：Subgroups, imbalance, and isolates in geographically dispersed teams [J]. Organization Science, 2010, 21：115-131.

[②]　Kearney E, Gebert D. Managing diversity and enhancing team outcomes：The promise of transformational leadership [J]. Journal of Applied Psychology, 2009 (94)：77-89.

[③]　Gratton L, Voigt A, Erickson T J. Bridging faultlines in diverse teams [J]. MIT Sloan Management Review, 2007, 48 (4)：22-29.

团队中，以任务为中心的领导风格是最好的，这样领导者可以将团队成员的注意力集中在任务上。最初，关系焦点会加剧潜在的断裂带，因为团队成员可能会根据刻板印象做出快速判断。随着时间的推移，Gratton 等（2007）[1] 鼓励领导者转向更多以关系为中心的领导风格。另外，领导者的分类倾向可能会触发一条断裂带。例如，一个群体可能有一个基于年龄和教育水平属性的休眠断裂带，一个对自己的教育水平感到自豪的领导者可能会下意识地激活这条断裂带。研究者可以考察许多与领导力和断裂带有关的问题。

2. 国际研究

跨文化研究领域可以用来指导未来断裂带领域的研究。首先，研究人员可以借鉴 Hofstede（1997）[2] 和追随他脚步的学者们的开创性工作（House et al.，2004[3]）。这些研究者发展的文化维度（如权力距离、集体主义、未来取向）可以作为断裂带的基础。虽然这些研究人员最初在社会分析层面上概念化了文化维度，但实证研究表明，这些维度也捕捉到了个体层面的差异（Hofstede，1980[4]；Kashima and Hardie，2000[5]）。在任何一个分析层次上对这些文化差异的概念化都可以作为断裂带推断的基础。

---

① Gratton L, Voigt A, Erickson T J. Bridging faultlines in diverse teams ［J］. MIT Sloan Management Review, 2007, 48（4）: 22-29.

② Hofstede G. Cultures and organizations: Software of the mind ［M］. London: McGraw - Hill, 1997.

③ House R J, Hanges P J, Javidan M, Dorfman P W, Gupta V. Culture, leadership, and organizations: The GLOBE study of 62 societies ［M］. Thousand Oaks, CA: Sage, 2004.

④ Hofstede G. Culture and organizations ［J］. International Studies of Management & Organization, 1980, 10（4）: 15-41.

⑤ Kashima E S, Hardie E A. The development and validation of the Relational, Individual and Collective Self-Aspects（RIC）scale ［J］. Asian Journal of Social Psychology, 2000（3）: 19-48.

在更宏观的层面上，断裂带可以被定义为国家在社会、地理、政治或经济属性上的一致。在给国家的子群体名称中看到了一致性的证据（如发达与发展中国家；富人与穷人；金砖四国（如中国、巴西、俄罗斯和印度））作为新兴的经济体。这些断裂带以及政府和商业机构对这些子群体的认同程度可能会影响贸易规则和投资决策（Rajan，2010）①。在过去的 25 年里，东盟成员国之间的投资和贸易大幅增长，证明了一个子集团的成员资格很重要（ASEAN Secretariat，1997）②。未来的研究将调查这些联盟在日益全球化的世界中是如何形成、转化、解散或加强的，可以为断裂带、国际机构和企业之间的关系提供信息。

3. 战略管理

大多数关于断裂带的研究都调查了断裂带对群体层面结果的影响，将断裂带研究整合到战略管理中，可促使考虑其他可能性。例如，Van Knippenberg（2011）③ 发现，除非高层管理团队有共同的目标，否则高层管理团队的断裂带对客观组织绩效有负面影响。此外，Li 和 Hambrick（2005）④ 以及 Barkema 和 Shvyrkov（2007）⑤ 关注断裂带与公司层面结果之间的关系；Minichilli

---

① Rajan R G. Fault lines：How hidden fractures still threaten the world economy［M］. Princeton, NJ：Princeton University Press，2010.

② ASEAN Secretariat. ASEAN economic co-operation：Transition & transformation［R］. Singapore：Institute of Southeast Asian Studies，1997.

③ Van Knippenberg D，Dawson J F，West M A，Homan A C. Diversity faultlines，shared objectives，and top management team performance［J］. Human Relations，2011（64）：307-336.

④ Li J，Hambrick D C. Factional groups：A new vantage on demographic faultlines，conflict，and disintegration in work teams［J］. Academy of Management Journal，2005（48）：794-813.

⑤ Barkema H G，Shvyrkov O. Does top management team diversity promote or hamper foreign expansion［J］. Strategic Management Journal，2007（28）：663-680.

等（2010）① 在高层管理团队中引入了家族成员断裂带的概念，评估了断裂带对资产回报的影响。

一个行业内的战略集团可代表公司的子集团（Barney 和 Hoskisson，1990）②，以往的研究主要集中在战略集团成员资格对公司绩效和战略内集团动态的影响上（DeSarbo et al.，2009）③，但有限的研究仅集中在战略集团之间相互依存的作用上。具体地说，利用断裂带的理论基础，研究人员也许能够解释为什么一些战略集团相互靠近（如形成一个联盟）并影响整个行业的竞争力。此外，有时公司会改变战略集团的成员资格，而断裂带的研究文献可受益于对促进成员资格变化的条件的理论解释。Lawrence 和 Zyphur（2011）④ 的测量方法可能有助于促进这项工作，但需要在组织和战略集团层面上发展断裂带理论。

① Minichilli A, Corbetta G, MacMillan I C. Top management teams in family-controlled companies: "Familiness", "faultlines", and their impact on financial performance [J]. Journal of Management Studies, 2010 (47): 205-222.

② Barney J B, Hoskisson R E. Strategic groups: Untested assertions and research proposals [J]. Managerial and Decision Economics, 1990 (11): 187-198.

③ DeSarbo W S, Grewal R & Wang, R. Dynamic strategic groups: Deriving spatial evolutionary paths [J]. Strategic Management Journal, 2009, 30: 1420-1439.

④ Lawrence B S, Zyphur M J. Identifying organizational faultlines with latent class cluster analysis [J]. Organizational Research Methods, 2011 (14): 32-57.